तरंगिणी

भाग 3

इंदु सिंह

notionpress.com
INDIA • SINGAPORE • MALAYSIA

Notion Press Media Pvt Ltd

No. 50, Chettiyar Agaram Main Road,
Vanagaram, Chennai, Tamil Nadu – 600 095

First Published by Notion Press 2021

ISBN 978-1-68586-698-3

अनुक्रम

1. ...मत्तगयंद सवैया में... मातु विभावरी दूर करो... 13
2. ...सरसी छन्द में... मदन मास... 14
3. ...कलाधर घनाक्षरी में... भोर है अषाढ़ कार... 15
4. ...कलाधर घनाक्षरी...आपके सुबोल बोल... 16
5. ...सार ललित छन्द... फागुन रंग चैत मनहारा... 17
6. ...छन्द विष्णुपद में... अर्क गगन द्युति स्वर्णिम आभा... 19
7. ...सार ललित छन्द में... मन गागर छल छल छल छलके... 20
8. ...दोहे... मन ले पंख पखेरु सा... 21
9. ...जय जय हे भोले भण्डारी... 22
10. ...घन बिजुरी बादल हैं हम तुम... 23
11. ...कलाधर घनाक्षरी... 24
12. ...मन्दिरा सवैया में... सांझ ढले जब नीलक अम्बर... 25
13. ...गरज गरज सावन घन छाये... 26
14. ...झर झर झर बरसा है पानी... 27
15. ...सरसी छन्द में... नयन द्वार से हृदय समाया... 28
16. ...सरसी छन्द में... गंग धार शिव संग प्रवाहित... 29
17. ...आजादी की सालगिरह की हार्दिक बधाई समस्त देशवासियों को...जय हिन्द... 30
18. ...पंचचामर छन्द : तिरंग रंग की छटा... 31
19. ...विनम्र श्रद्धांजली स्व... अटल बिहारी जी को... एक रत्न खो गया... 32
20. ... *शुद्धिकरण*... 36
21. ...दोहे में... कोउ न सोचे देश... 37
22. ...सोने जैसा देश हमारा... 38
23. ...छन्द किरीट सवैया... 39
24. ...सार ललित छन्द... 40

अनुक्रम

25. ...उड़ जायेगी पाखी....41
26. ...भाल लगा के मंगल टीका....42
27. ...है सावन रुत मनभावन....43
28. ...हंसते हंसते जाना....44
29. ...कंवल चुराने आये हैं....45
30. ...नैना पथराये....46
31. ...सुबह सुहानी दिन रंगीले....47
32. ...फूल खिलाने आये हैं....48
33. ...हिन्दी है बड़भागी....49
34. ...इसे चुरा ले जाओ....50
35. ...सुन्दर सुगीत गान....51
36. ...मलय पवन सनन सनन....52
37. ...विभावरी उत्कंठ....53
38. ...जीवन के दिन चार....54
39. ...रंग देना रंगरेज....55
40. ...मइया तेरी शान निराली....56
41. ...दुख भंजक सुखकारी माता....58
42. ...मत्तगयंद सवैया में....59
43. ...मन्दिरा सवैया में चाँद दर्शन... करवा चौथ....60
44. ...नैहर में हो भाई भतीजा....62
45. ...करवा चौथ की कामिनी....63
46. ...छन्द त्रिभंगी....64
47. ...सुष्मित मृगनयनी....65
48. ...चन्दन चौक पुराये हैं....66
49. ...कलम के बोल....67
50. ...एक दीप भगवान को....68
51. ...दीप मालिका झिलमिल....69
52. ...खूब सजी दीवाली....70
53. ...आज की शाम... भारतीय सेना के नाम....71
54. ...दीपोत्सव की शाम समर्पित....72
55. ...सजती है दीवाली....73

अनुक्रम

56. ...तभी सही दीवाली होगी... 74
57. ...सैनिक वीर जवान... 75
58. ...लाल लाल चूड़ियाँ... 76
59. ...प्रेम विभूषित भाव मंजरी..77
60. ...सकल लखत रंग लाल... 78
61. ...कमाल चूड़ियाँ... 79
62. ...उठो जगो मार्तण्ड प्रभासित..80
63. ...रैन सजे रसवन्ती... 81
64. ...सार ललित *छन्द*..82
65. ...हरित धरा की हरियाली में..83
66. ...रूपमाला छन्द..84
67. ...वेदना उर की मिटा दो... 85
68. ...शेर सवारी नैन कटारी..86
69. ...पंचचामर छन्द..88
70. ...सज के तुम शेर सवार चली... 89
71. ...अष्ट भुजाओं वाली... 90
72. ...रूपमाला छन्द में... 91
73. ...रूपमाला छन्द में... 92
74. ...गीतिका छन्द..93
75. ...सखा न तुझ बिन..94
76. ...मनहर सुभग शीत ऋतु..95
77. ...वीरों का तप होत न खंडित... 96
78. ...रंगत खिली खिली... 97
79. ...जाड़े की...भोर सुनहरी स्वर्णिम आभा... 98
80. ...पंचचामर छन्द, वीर रस में... 99
81. ...धन्य धन्य हे मातृभूमि!..101
82. ...मातृभूमि है प्यारी हमको..102
83. ...चन्दन कर लो माटी से..103
84. ...दोहे में... नैनन में प्रीतम बसै..104
85. ...पंचचामर में... बहार आपसे मिली..105
86. ...छन्द कह मुकरी..106

अनुक्रम

87. ...जगे न अन्तस रावण...107
88. ...शिव ताण्डव रावण का बांचो...108
89. ...जय जय जय बजरंग महाबल...109
90. ...कभी रामा कभी रावण मन...110
91. ...सकल सुभग मन रामा रामा...111
92. ...डाल डाल पर उल्लू शोभै...112
93. ...रात चन्द्रमा झकमक...113
94. ...जगमग मन की जोत जला लें...114
95. ...कह मुकरी प्रतिभागियों को सस्नेह समर्पित...115
96. ...दरबारा की शान रहे...116
97. ...कैसे पायें हम वो प्यारे...?...117
98. ...काश कि कोई दे जाता वो...118
99. ...नकली तेल फुलेल से जो...119
100. ...बालेपन की मस्ती...120
101. ...प्रेम गीत से अनुगूंजित है...121
102. ...शुभ अषाढ़ की...पहली बून्दें...122
103. ...कटु मधु...123
104. ...बालेपन की मस्ती...124
105. ...विमर्श जरूरी होता है...125
106. ...छैल छबीला...126
107. ...श्याम पिया...127
108. ...वृन्दावन के कृष्ण कन्हाई...128
109. ...हृदय निलय पावन पुनीत में...129
110. ...सतरंगी सच अपनी माटी...130
111. ...अरुणोदय की लाली से...131
112. ...प्रेम की जब बहती रसधारा...132
113. ...छन्दमनहरण घनाक्षरी...133
114. ...सुहावन लगत...134
115. ...कैसे जल विमल जो...135
116. ...प्रेम की अगन लगी...136
117. ...सांझ ढली रात हुई...137

अनुक्रम

118. ...इधर सुभग...मधुमास... 138
119. ...मन भरमाती है... 139
120. ...छन्द सवैया मत्तगयंद... 140
121. ...इक दीपक प्रेम जलाओ प्रिय... 141
122. ...* शत शत नमन शहीदों को *... 142
123. ...शहीदों को पहले सलाम लिखेंगे... 143
124. ...कहाँ है ऐसी सूरज किरणें... 144
125. ...जय जय कन्हाई...... 145
126. ...ये मेरा खयाल है... 146
127. ...गाँव की गलियाँ... 147
128. ...ग्रामीण परिवेश... 148
129. ...वो माटी ग्रामीण सुगन्ध... 149
130. ...आगे आगे देखिये... 150
131. ...नैन बावरे विहंस पड़े तो... 151
132. ...गागर कमर धरी... 152
133. ...तरुवर खेचर नदी सरोवर...... 153
134. ...सूने जीवन को रंग मिला... 154
135. ...शिवा - शर्व अद्भुत अनुरागा...चौपाई... 155
136. ...नयना द्वय मधुशाला है... 156
137. ...रसवंत वसन्त सुखन्त भला... 157
138. ...मन की भाषा में... 158
139. ...दूर तक झरझार झहरित... 159
140. ...सीता की है जन्मभूमि... 160
141. ...जन गण मन की भारत माता... 161
142. ...ये हिन्दुस्तानी माटी है... 162
143. ...क्षितिज रंग...... 163
144. ...मन कविता...... 164
145. ...साहित्य सुरा...... 165
146. ...उषा किरण लाली चूनर तन...... 166
147. ...उर सागर में कांकड़ पाहन... 167
148. ...मस्ती अभी बाकी है... 168

अनुक्रम

149. ...एक ख़ुदा है एक राम हैं... 170

150. ...मिलन सृजन आधार अनोखा...लावणी छन्द... 171

151. ...पीताभ छटा धरिणी सज्जित... 173

152. ...वृषभान सुता पहिरे पियरी... 174

153. ...मानव ही मानवता दुश्मन... 176

154. ...आर - पार... 177

155. ...प्रेम सकोरा... 178

156. ...सूखती तुलसी ह्रदय की... 179

157. ...चन्दन सी सुगन्ध है... 180

158. ...माता तुझे सलाम... 181

159. ...खड़ा हिमालय रोता... 182

160. ...कवि ह्रदय कलसी... 183

161. ...गीत गुनगुना रहे... 184

162. ...मन में उमंग भरे... 185

163. ...अन्तर्मन से देख परखिये... ताटक छन्द... 186

164. ...प्रेम नगरिया में ही सुन्दर... 187

165. ...रंग रसीला रूप सजीला... 188

166. ...साथ तेरा मिला तो जहां सा मिला... 189

167. ...राहें प्रियवर की तकूं... 190

168. ...जिन नैनन में प्रेम बसै... 191

169. ...छन्द गंगोदक सवैया... 192

170. ...गंगोदक सवैया में... 193

171. ...क्या करें आज बीते जमाने... 194

172. ...जय हिन्द का नारा गूंजित... 195

173. ...विजय पताका... 196

174. ...ऊँचे ऊँचे पर्वत सुन्दर... 197

175. ...प्यार इसी को कहते हैं... 198

176. ...प्रेम प्रेममय जगत है... 199

177. ...तन ललित कलित... 200

178. ...कोमल काया मन्दाकिनी सी... 202

179. ...दो दिनों की जिन्दगी में... 203

अनुक्रम

180. ...झिलमिल हीर जड़े... 204
181. ...पवन मादकता लिये है... छन्द गीतिका... 205
182. ...स्वस्थ मनोरम हर मौसम हो... 206
183. ...मन दर्पण प्रतिबिम्बित होता...... 207
184. ...दो अँखियाँ हैं जागी... 208
185. ...जब जब आयी रुत सावन... 209
186. ...साथ चलें... 210
187. ...इक दूजे का दुख बाँटे तो...... 212
188. ...कलसी जल भर कर... 213
189. ...प्रेम मगन हैं कृष्ण राधिका... 214
190. ...शाश्वत विरह - मिलन... 215
191. ...भटकत ढूंढे... 216
192. ...तुम्हारे प्रेम की हाला... 217
193. ...हे बाला...!... 219
194. ...उस रात दिवाली होती है... 220
195. ...उर ज्योति भरें तम दूर करें...त्रोटक छन्द... 221
196. ...आज फिर वो बात दे दो...छन्द मनोरम... 222
197. ...प्रेम रस नैनन... 223
198. ...सुख का साथी जगत है... 224
199. ...सावन सावन रस बरसाये... 226
200. ...अमर प्रेम कहानी... 227
201. ...दृग ताक रहे अब बाट पिया... 229
202. ...अँखियाँ बिन अंजन के कारे... 231
203. ...विधि लेख... 232
204. ...आँखें रावण आँखें राम... 233
205. ...मन वल्लरियां... 235
206. ...रंगमहल मन... 237
207. ...हलाहल पिये जा... 238
208. ...सजन प्रेम रस रंग रंजित किये... 239
209. ...स्वर्ण सपन संसार... 240
210. ...नित नित नयन कटोरे... 241

अनुक्रम

211. ...भोर सुहावन अति सुख लागा... 242
212. ...बन कर मेघ बरस जाना... 243
213. ...सृष्टि रंग रंजित........ 244
214. ...मुखौटा........ 245
215. ...चैन गया अब नींद गयी... 246
216. ...अंगना उड़त गुलाल........ 247
217. ...पिया मिलन रुत आये........ 248
218. ...मन करता है वो कर लो... 249
219. ...सबका अपना अस्तित्व........ 250
220. ...कर्म को निखार लें........ 251
221. ...अनबुझ पथ पर... 252
222. ...दिनकर द्युति पुंज... 253
223. ...वन कलि कुसुमित........ 254
224. ...सूर्य रश्मियां छुपी हुयी हैं... 255
225. ...तोरण द्वार सजाऊँ........ 256
226. ...रखूँ प्रिय मन वाटिका... 258
227. ...नीर भरत इक नार नवेली...... 259
228. ...प्रीत करे अनुबन्धित... 260
229. ...किस डगर चली... 261
230. ...अजब घटायें श्याम रसीली........ 262
231. ...किसकी टूटी आस........ 263
232. ...गाते जीवन तान... 264
233. ...सुख के सपने बुनता जा........ 265
234. ...ये दुनिया कमाल है... 266
235. ...जीवन के रंग........ 267
236. ...दीजिये स्नेह प्रेम........ 268
237. ...पड़ी सजन की छाप... 269
238. ...सांझ ढली तुम आन मिलो........ 270
239. ...चान्द सुधाकर इन्दु........ 271
240. ...मालिनि सिर पर गागर... 273
241. ...सुन्दर भोर सुहावन लागा... 274

अनुक्रम

242. ...रंग...श्याम - श्वेत निराले हैं... 275
243. ...दीपक ज्योति जरा दिये... 276
244. ...सुखमय पावन मधुरिम बेला... 277
245. ...रजनी ने घूंघट डाला अब... 278
246. ...जय जय भारत देश... 279
247. ...मनहर पहेली... 280
248. ...पतझड़ है तो सावन भी है... 281
249. ...कर्म नये कुछ कर लो... 283
250. ...भाव भरे थे रुक न सके... 284
251. ...प्रेम नीर नद गहरी लागे... 285
252. ...चलो चलें उस पार... 286
253. ...प्रीत बाग इक फूल खिला... 287
254. ...जल जल बुझती... 288
255. ...सुरमयी सी शाम है... 289
256. ...आरती उतारती... 290
257. ...धीर थोड़ी धार रे मन...... 291
258. ...पग रज ले कर उन वीरों की... 292
259. ...आओ हम तुम दोनों मिल कर... 293
260. ...चूड़ी लाली झांझर बिछिया... 294
261. ...कब हार गये दिल ये अपना... 296
262. ...भोर किरण दीप्त चरण... 297
263. ...चन्द्र प्रभा चान्दनी... 298
264. ...आत्म चेतन... 299
265. ...नारियां नवीन नित्य... 300
266. ...चैत्र शुक्ल प्रतिपदा... 301
267. ...तू नहीं और सही... 303
268. ...गुलाबजामुन... 304
269. ...दिन गुजर जाता यादों में... 305
270. ...प्रसन्न पाश प्रणय पल... 306
271. ...गीत गान नव विहान... 307
272. ...सखी री प्रिय कन्त घर आये... 308

273. ...है निशा गहन काली काली...309
274. ...वो श्याम भ्रमर वन उपवन का...310
275. ...रात की है रागिनी...311
276. ...भरी प्रीत मन की गागरिया...312
277. ...जग की तस्वीर निराली है...313
278. ...श्रृंगारित नवल वधू वसुधा...314
279. ...हे मानव! मत सृष्टि विनाशो...315
280. ...तो उदासी होती है......316
281. ...जीवन ये आसान नहीं...318
282. ...तरुवर डाली फूल पत्तियाँ...319
283. ...भूल कर दुख के अन्धेरे...320
284. ...तिमिर का अवसान हो...321
285. ...रामायण गीता है...323
286. ...सुख दुख दोनों जीवन हैं...325
287. ...जीवन नदिया है अति गहरी...326
288. ...जीवन सुन्दर निर्झर है...327
289. ...वसुंधरा का चहुँ दिश देखा...329
290. ...सुभग अमोलक प्रेम जगत का...330
291. ...शब्द शब्द बँधे तो...331
292. ...शिवः नमन दिन सावन...332
293. ...मोर मुकुट सिर कानन कुन्डल...333
294. ...जीवन के कितने रंग रूप...334
295. ...जीवन सरस आज मे जी लें...336

लेखक के बारे में ...337

-1-

...मत्तगयंद सवैया में...
मातु विभावरी दूर करो...

मातु विभावरि दूर करो जग, नूतन प्रात भरो मन प्राणा
हस्त कला सुर गूंजित गीतक पंकज आसन श्वेत वसाना

पुस्तक धारिणि वीण सुशोभित, बुद्धि धरा सरसावत नाना
हंसक वाहिनि ज्ञान प्रकाशित, ज्योति निरन्तर मंजुल गाना

हे भव तारिणि कुंज विहारिणि, भाव अनन्तक ज्ञानक धारा
तामस ताप हरो जग के अब, आ कर हाथ धरो मझधारा

सुष्मित रंग मरीचि विलोचन, शुक्ल दुकूलित रूप अपारा
ज्योति प्रभासित ज्ञान विभूषित, पाप हरो हिय हो उजियारा

हास विभास करे उर अन्तस, अंजन नैनन दृष्टि विशाला
दान करो वरदान भरो मम, विद्या दायिनि भाव निराला

प्रेम प्रवाहित कोकिल कंठक, नेह हुलास भरे उर हाला
सुन्दर ज्ञान विधान सुसज्जित, सत्य सुरंजित मंगल माला

-२-

...सरसी छन्द में... मदन मास...

मदन मास मादकता मधु मद
मधुर मयन उल्लास
मृदुल मनोहर मोहक मंजुल
मीनकेतु आभास

मोद मयंक मदिर मुस्काने
मंशा मस्त मलंग
मीन मराल मनुज मकरन्दित
मित्र दिवा आनन्द

मन मुकुन्द मुकुलित मनभावन
मादित मलय मतंग
मंगल माणिक मानस माला
मुखरित मधुरिम छन्द

महुआ मह मह महके मलयज
मुग्ध मुखर मनमीत
मधुकर मंजरि महि मकरध्वज
मन्द मन्द संगीत

मोदित मोहन मुरली मधुवन
मोर मुकुट मन रंग
मगन मालिनी तन मृणालिनी
मोहित राधा संग

मुख मयूख मदिरा मधुशाला
मालिनि मत्तगयंद
मंदाकिनी मार्तण्ड मेखला
मनहर मरुत मिलिन्द

-3-

...कलाधर घनाक्षरी में... भोर है अषाढ़ कार...

भोर है अषाढ़ कार, मेघ हार धार धार,
कौन है कला विचार, सृष्टि को संवारता

अंग अंग रंग रंग, पुष्प पद्म की सुगन्ध,
ताल ताल है तरंग, शीत ताप हारता

आम्र कुंज डाल डाल, पात पात रास हास
वृक्ष पुष्प है हुलास, दान को निहारता

प्राण में हिलोर जोर, अनिल करे शोर शोर
प्रीत बसे पोर पोर, रास है विलासता

....

अरविंद सवैया में अषाढ़.......

रुत आय गयी नभ छाय रही, बदरा धन घोर घटा रसवन्त
झम झामर झूमत झार झरे, अँगना अइहें मनभावन कन्त
उर जोत जले नव कंज खिले, मदिरा छलके अब अंग हि अंग
घघरा लहके अंचरा सरके, जियरा धड़के चुप संग हि संग

....

छन्द पंचचामर में अषाढ़......

सुश्याम रंग प्रेम का, चढ़ा अषाढ़ ढंग में
अनन्त आदि अन्त क्या, विलास अंग अंग में

चकोर चारु चन्द्रमा, निहारता विहंग को
सुशीत बून्द बून्द से, निखारता उमंग को

कली कली खिली हुई, हवा सुगन्ध गन्ध है
विचारिणी विहारिणी, सुचित्त चित्त गंग है..

अखंड जोत प्रीत की, जले सदा दिगन्त में
विशेष हो अशेष हो, प्रभात ज्यूं मयंक में.....

- 4 -

...कलाधर घनाक्षरी...आपके सुबोल बोल...

आपके सुबोल बोल, ज्ञान गीत राग घोल
साधना अमोल मोल, आप ही प्रणम्य है

मान क्या गुमान आन, शुद्ध रहे प्राण प्राण
है वही महान जान, रोम रोम रम्य है

सुन्दरा सुभाव भाव, ताल में विचार नाव
राग द्वेष भूलना हि, संत बोधगम्य है

ज्ञान है अथाह गंग, भिन्न भिन्न रूप रंग
अंग में भरे तरंग, कुंज ये अरण्य है........
....

मत्तगयंद सवैया....... सावन की रुत रात....

सावन की रुत रात सुहावन, बून्द पड़े कजरी गजराये
गर्जत घोर घटा नभ श्यामल, दामिनि रूप झकाझक भाये

राग मल्हार सजे सुर साजन, आँखिन नेह लुभावन आये
अंग उमंग तरंग भरे हैं, संग अनंगित त्रास जगाये

-5-

...सार ललित छन्द... फागुन रंग चैत मनहारा...

फागुन रंग चैत मनहारा, रसमय रुत वासन्ती
सावन भादो की रिमझिम मे, गढ़े छन्द रसवन्ती

कोयलिया के कुहु कुहु स्वर में, जीवन जागा जागा
बोले पपीहरा पिउ पिउ जब, प्रिये दरश मन लागा

सावन में नाचे सारंगा, धरती नीर सुहागन
आये नहीं बलम परदेसी, चंचल चित बैरागन

सोन चिरइया बन मन मोरा, अम्बर तक उड़ जाये
हर आहट पर धड़के जियरा, अब आये वो आये

रंग सांवरा नैन गुलाबी, अधर प्रेम रस रंगी
श्याम घटा नभ बादरिया सम, नेह पुष्प का भृंगी

घनन घुमड़ घन बरसे पानी, चन्द्रमुखी मै बिजुरी
सनन सनन जब डोले पुरवा, सुर साधे मद कजरी

इन्द्र धनुष की छटा निराली, पिया बने रंगरेज
छलकी छलकी कलसी मन की, सातों रंग लबरेज

रवि स्वर्णिम रथ उतरा अम्बर, सृष्टि हुयी उजियारी
बीत गयी तामस विभावरी, वसुधा है मतवारी

सूर्यमुखी मुख लाल उमंगित, छुई मुई हरियायी
हिमकण लघु तिरोहित हो गये, तृण पातें गर्मायी

कण कण में नव प्राण तरंगित, विटप झूम लहराये
विहग वृन्द उड़ चले विहंगम, पंख पंख हर्षाये

फूलों की पंखुड़ियां गन्धित, अधर कंवल मुस्काये
अलसायी अंखड़ियां रंजित, रह रह के झुक जाये

विहग पंख मैं ले उड़ जाऊं, रवि किरणें ले आऊं
सांवरिया के मन मन्दिर में, झकमक दीप जलाऊं

-6-

...छन्द विष्णुपद में... अर्क गगन द्युति स्वर्णिम आभा...

अर्क गगन द्युति स्वर्णिम आभा, झिलमिल
करती है
हरित मगन मन वसुंधरा है, खिल खिल
हंसती है

कविता गति लय धारित सरगम, गीत
सुनाती है
हिय डाली पर कूक कोयलिया, मीत
बुलाती है

नित्य प्रात किरणों की वर्षा, रंग जमाती है
तरु पत्ते डोले मन रंजित, मलय बहाती है ....

सागर की उत्ताल तरंगें, उठती गिरती है
पर्वत की बर्फीली चोटी, अम्बर छूती है

सीमा पर है रंग बसन्ती, जोर गरजती है
अलबेला यौवन आनन्दित, भुजा फड़कती है

धरा पुत्र नित कृषक खेत से, मोती चुनते हैं
आशा और निराशाओं के, सपने बुनते हैं

हरित धरा की धानी चूनर, लहर लहरती है
रवि छवि की केसरिया पगड़ी, जोत बिखरती है

प्रखर सूर्य की ताप दुपहरी, धरिणी तपती है
गगन मिलन की आस दीपिका, मन में
जलती है

सांझ पहर झुक जाता अम्बर, धरती
मिलती है
कल फिर आना आज विदा दो, रजनी
खिलती है

रैन नैन सुख चैन निहारे,, चांद निरखती है
चन्द्र किरण की आभा में नित, निशा
विहंसती है......

-7-

...सार ललित छन्द में... मन गागर छल छल छल छलके...

मन गागर छल छल छल छलके, प्रेम पयोधि भरे हैं
अनमोल रत्न मोती माणिक, अन्तस्तलित धरे हैं
बान्ध सका नहि बांध सकेगा, मन पंछी स्वछन्दित
जिधर चाहता उड़ जाता है, अनिल साथ मकरन्दित

भावों का है दाना पानी, चैन गगन विश्रामा
जहां रमा ये पागल मनमा, वो है चारों धामा

नही देखे ये उंचा नीचा, जाति धर्म तरुणाई
जहां मिली शीतल छाया जो, वहीं पे ली अंगड़ाई....

....

शक्ति छन्द में..... ललित नेह रंजित........

ललित नेह रंजित सुभग गीतिका,
सुनाती सरस राग.....है प्रीत का

सुलेखा नवो रंग ....हैं पंक्तियां
चकित देख कर हैं सभी हस्तियां

कलश प्रेम के .....भाव से हैं भरे
तरंगित उमंगित ......ह्रदय से बहे

विभोरित हरष तान हर प्राण को
सुशोभित करे शब्द हर गान को......

-8-

...दोहे... मन ले पंख पखेरु सा...

मन ले पंख पखेरु सा, पल में ही उड़ जाय
जहां प्रेम छाया मिले,... रहे वहीं बिलमाय

बचपन में कब खेलता, कब यौवन में जाय
मन का मन ही जानता, कब पचपन में आय

प्रीत सुधारस सींचिये, मन मधुवन तरुणाय
झूठ कपट सब छोड़िये, सच लाली अरुणाय

फूल फूल मन पंखड़ी, इत उत बिखरी जाय
घर आंगन सुरभित करे, जग निर्मल कर जाय

तन तरंग उत्तंग सी, हिय में उठे हिलोर
मन मतंग मदमस्त व्है, नृत्य करै चितचोर।

उड़े गगन उन्मुक्त हो, मन पंछी आकाश।
रौके रुका न आजतक, मन की गति हि प्रकाश॥

अली कली के मन मिले, पावै रस मकरंद।
प्रेम भाव यूं हि प्रकटे, सोनो और सुगंध॥

प्रेम सलिला पुण्यवती, मन है निर्झर भाव।
जो डूबे सो ऊतरै, कहां रंक कहं राव॥

- 9 -

...जय जय हे भोले भण्डारी...

जय जय हे भोले भण्डारी
नाम लेत सुखकारी
दया पे तेरे धरती अम्बर
चलती दुनिया सारी
तुम हो दानी अगम अगोचर
सर्व मंगलकारी
अम्बरीश अन्तक प्रलयंकर
शोक दुःख भय हारी
ललाटाक्ष हे नीलकंठ
तेरी महिमा है न्यारी
भाव भक्ति से जो मांगे
तुम देते खुशियाँ सारी
जटा जूट पहिरे बाघम्बर
गले नाग की माला

भंग का रंग जमा लेते हो
पी कर भर भर प्याला
सृष्टि विचारक चन्द्रमौलि
कुछ दया दृष्टि कर देना
सत्य प्रेम बुद्धि विवेक हो
शुभ वर सबको देना
अम्बरीश हे दानी दयामय
गंगाधर विषधारी
तीन लोक के स्वामी हो तुम
जटा चन्द्रमा धारी
पूर्ण करो हर मनोकामना
आये तेरे द्वारे
तुम बिन कौन जगत में दूजा
बिगड़ी कौन संवारे.....

- 10 -

...घन बिजुरी बादल हैं हम तुम...

घन बिजुरी बादल हैं हम तुम
चिर शाश्वत पागल हैं हम तुम.

न मै तुझ बिन न तू मुझ बिन
सावन बून्दें जल हैं हम तुम...

मैं दीप शिखा तुम उजियारा
झर ज्योति झलाझल हैं हम तुम

तुम हिम पर्वत हो निर्झर मैं
धारा की कल कल हैं हम तुम

तुम वाणी हो.....मैं हूं वीणा
सृष्टि की हलचल हैं हम तुम

जो बीत गयी, वो बात गयी
आने वाला पल,हैं हम तुम

- 11 -

...कलाधर घनाक्षरी...

ले सुभोर लाल लाल........

ले सुभोर लाल लाल अंशुमाल धीर चाल कूकती कुहूक लीन दूर बजे कहीं बीन
झूम झूम डाल डाल रंग रंग है धरा अंशुमान तेज में सुमग्न है वसुंधरा

हास वास फूल पात, सात रंग गात गात प्रेम प्रीत गीत मीत साजती हरेक रीत
रात अन्त प्रात प्रात अम्बर है मद भरा सृष्टि हाव भाव में समस्त है भरा भरा

-12-

...मन्दिरा सवैया में... सांझ ढले जब नीलक अम्बर...

सांझ ढले जब नीलक अम्बर
अंजुर रंग भरे अपने
शीश झुका धरती तक आ कर
पूर करे उर के सपने

जीवन के सुख सार सभी
अवगुंठित हैं अवधारित हैं
धार बहे सुख के दुख के नित
नीर प्रवाह प्रवाहित है

आजु सुहासित राति सुहावन
चन्द्र प्रकाशित बादर में
नैन बसे छव श्याम मनोहर
साज रहे शुभ काजर में

श्याम पिया तुम से रस रंजित
रैन लगे मधु चन्द्र सभी
तारक मुक्तक माल समानक
स्याह निशा बिजुरी चमकी

रास रचे मन आंगन साजन
भाव भरे नव नृत्य सजे
लाल गुलाल भयी अंखियां लख
प्रीतम प्रीतक साज बजे

गूंजत गीत हवा पुरवा
मकरन्द उड़े चुनरी लहरे
नीर नदी उर की उफनावत
छन्द रहे ठहरे ठहरे.......

-13-

...गरज गरज सावन घन छाये...

गरज गरज सावन घन छाये
बादरवा बरसे
चमक चमक द्युति हास दिखाये
अधर हंसत हर्षे

छुपे अर्क घनघोर घटा में
स्वर्ण श्याम झलके
विहंस रही वन विटप डालियां
इन्द्र कलश ढलके

भींगे पर्वत भरी तलैया
भरे भरे जल से
चातक तृप्त हुआ रस पी कर
मीन मगन किलके

रंग भरे राधा के नैना
अलस झुकी पलकें
टपक रहीं प्रेम रस बून्दें
श्याम हंसे हलके........

-14-

...झर झर झर बरसा है पानी...

झर झर झर बरसा है पानी
अगन तपन सब दूर हुयी
हरी हरित हरियाली चहुं दिशि
धरणी मद मे चूर हुयी

चले कृषक कंधे हल ले कर
बैल गले घंटी टुन टुन
नाच रहे वन मोर मयूरी
गोरी गाती है गुन गुन

लाल पीत पगड़ी सिर शोभे
धारे कुर्ता मलमल के
छैलों के छव देख देख कर
रही गुजरिया जल जल के

अबके बरस धानी चूनर संग
बिन्दिया राजस्थान की
जय बोलें जय जय बोलें सब
धरती पुत्र किसान की....

-15-

...सरसी छन्द में... नयन द्वार से हृदय समाया...

नयन द्वार से हृदय समाया
लिये कलश आनन्द
बन्द किये हर पाट झरोखे
निकसे नहीं सुगन्ध

राग रंग रस रंजित आंगन
भाव सुभग मकरन्द
फूल फूल बिखरी पंखुड़ियां
प्रेम केलि निर्द्वन्द

सासों की सुर तान सजी है
सृजित हुये नव छन्द
रोम रोम अनुराग प्रवाहित
सप्तक तार न मन्द

चन्द्र कलायें ले कर आया
रैन प्रफुल्लित कंज
श्यामल छवि हासित आभासित
स्नेहिल रूप विहंग.......

- 16 -

...सरसी छन्द में... गंग धार शिव संग प्रवाहित...

गंग धार शिव संग प्रवाहित
पावन नीर अशेष
अंग अंग गम्भीर लास्य ले
मुद्रा सुभग विशेष

पाप ताप संताप हरे हर
सर्व मंगलाधार
हर हर भोले हर हर गंगे
नाव लगेगी पार

दुर्गा शारद मातु भवानी
नित नित दें आनन्द
जीवन कुंज सुवासित हर पल
ज्ञान पुंज मकरन्द

राम सिया राधा गिरिधारी
बजरंगी हों संग
रमा विष्णु का वरद् हस्त हो
गणपति रंग विरंग......

-17-

...आजादी की सालगिरह की हार्दिक बधाई समस्त देशवासियों को...जय हिन्द...

कुछ याद उन्हें भी कर लो

विजयी विश्व तिरंगा प्यारा, हरदम ऊंची
शान रहे
आसमान मे लहराये यह, जन गण मन
का गान रहे

कितनी गोदें सूनी हो कर, कितने ही
सिन्दूर मिटे
आजादी के परवानों का, हर दिल मे
सम्मान रहे

कितनी राखी रही सिसकती, कितने ही
अरमान जले
वन्दन है अभिनन्दन इनका, चन्दन हर
बलिदान रहे

विजय जश्न में घुली घुली, उनके खूं की
लाली है
भारत के बच्चे बच्चे का, शत शत उन्हें
सलाम रहे

ज्ञान ध्यान हो वही पुराना, सेना पर
अभिमान रहे
दूर हों दंगे फसाद सभी, गुल गुलशन
गुलफाम रहे

शहीदों की चिताओं पर, लगायें हर बरस मेल
जन जन के होठों पर क़ायम, सदा खुलूस
कलाम रहे

मान रहे, उन्वान रहे, सदा सत्य ईमान रहे
अनेकता में एकता, अखंड हिन्दुस्तान रहे

- 18 -

...पंचचामर छन्द : तिरंग रंग की छटा...

तिरंग रंग की छटा, उड़े विहंग नील में
हरी हरी वसुंधरा,...लहा लही उमंग में
उजास भोर हंसिनी, सुसांझ श्याम रंजिता
निशा दिशा प्रकाश है, सुहास चारु चन्द्रिका

स्वतन्त्र आज आसमां, स्वतन्त्र ये जमीन है
दिले-सुकूं अवाम है, फिजां बड़ी हसीन है
प्रणम्य भाव भूमि ये, सुरम्य सांझ भोर है
प्रभास ज्योति पुंज से, बिछा रही अँजोर है

निसार जान जो किये, सपूत मातृभूमि के
प्रणाम् है सलाम है,...विभूति देव भूमि के
घने घनेर वन्य धन्य, घाटियां पहाड़ हैं
हिमालया किरीट है, हहास गंग धार है

सफेद रंग शान्ति लें, वसन्त रंग जोश का
बढ़े चलें रुके नहीं,... सुचक्र चक्र बोलता
बसन्त ग्राम वासिनी, समस्त जाग जाग है
अखंड ज्ञान ध्यान जोग, नृत्य गीत फाग है

प्रचण्डता सुशान्ति है,... शील धैर्य धारती
सुधा सुहासिनी धरा, अलभ्य आन बान की
अशेष नेह बन्ध है, अनन्त प्रेम धार है
अथाह मातृ शक्ति, पूजनीय तात प्यार है....

- 19 -

...विनम्र श्रद्धांजली स्व... अटल बिहारी जी को... एक रत्न खो गया...

*आज वीणा मौन *

क्रुर काल गाल मे,....... एक स्वर खो गया
कौन जहां छोड़ चला, जमीं फ़लक रो गया

एक वीणा मौन है........., टूट गये तार तार
गीत गया साज नहीं, दर्द ग़म पिरो गया

धीर वीर अटल वो,... सरल विमल विकल
निःस्वार्थ राष्ट्र-धर्म के,... बीज पुष्ट बो गया

पोखरण परमाणु बम..., विश्व रह गया था दंग
सरहदे-लाहौरी से ... ."मनुष्यता संजो गया

कारगिल विजय ध्वजा..., कवि मस्त मस्त
अमूल्य एक रत्न आज, चिर नीन्द सो गया..

धीर वीर सौम्य रूप, छांव या कि ताप धूप
पंथ जो चला विशेष, कर्मयोग कामना

राजनीति थी बुलन्द, काव्य रूप थे विहंग
राष्ट्र भाव की सुगन्ध, मानवी उपासना

भाव शब्द शब्द बन्द, काम क्रोध लोभ अन्त
काल रूप आ गया, अदृश्य संग साधना

अस्त सूर्य तेज आज, मौन है अलभ्य साज
अन्त गीत छन्द राग, शेष काल सामना....

आता है वो जाता है कर्म अमर रह जाता
है....... ॐ शान्ति.......

जीर्ण शीर्ण काया, त्याग चली आत्मा
सुभग यादें छोड़ गया, युग का महात्मा..

इंदु सिंह

प्रकाश पुंज वो चला, जमीं से आसमान
दे गया हमें मगर वो, अटल समाधान.....

नायाब एक फूल था हिन्दे-गुलिस्तां
चला चमन छोड़ कर वो दूसरे जहाँ.......

कुशल चित्रकार चला इस जहां को छोड़कर
मोह पाश नेह प्रेम बन्धनों को तोड़ कर.....

जाती हुई आज इक बहार देखते रहे
कारवां गुजर गया, गुबार देखते रहे.......

गुजर गया था दिन, अब शाम आ गयी थी
जिस्मे-ख़ाक़ी मुश्किलें, तमाम आ गयी थी

जाना था बेहतर नयी पोशाक बदलनी है
आना इसी देश फिर से, यही सरजमीं है

गया बेहतरीन शख़्स, जन्नत मे होगी धूम
आयेगा फिर लौट के, लेने दो अभी घूम

लौट के आयेगा कवि, कवितायें अभी कहनी है
हसरतें रहीं अधूरी, सारी पूरी करनी है

छोड़ कर वो गये कहां, पोशाक बदलने दो
बन ठन कर फिर आना, जिस्मे-ख़ाक संवरने दो

लौट के आना है मुझको फिर, धीरज थोड़ा धर लो
अमन चैन से जाने दो अभी, नेह से झोली भर दो....

धूम मची खूब है, भगवान् के दरबार मे
खबर छपी आज है, जन्नती अखबार में

बादलों हट जाओ, हसीं राह बनाओ
रवि किरण प्रखर जमाल जश्न मनाओ

युग पुरुष आयेगा फिर नये गीत गायेगा
मिटेगी वीरानियां, वो महफिलें सजायेगा

अटल इसी देश में,..... राष्ट्र धर्म वेष में
जन जन के मन में... मानवता विशेष में...

देश का अनमोल रतन, करें लाख लाख जतन
रोये मादरे-वतन, काल लाल ले गया......

गिर्दाव आ गया था, डूब गयी कश्ती
देश रोता रह गया, चली गयी हस्ती........

भारत रत्न पद्मविभूषण, मानवता सुखकारी
धीर वीर गम्भीर कवि, निर्मल अटल बिहारी...

ॐ शान्ति शान्ति शान्ति......

अटल अनल और समीर, सुभग गंग धार थे
विरोध नीति भेद का,....कोमल व्यवहार थे

भीष्म थे समर्पित, ..स्वराष्ट्र धर्म के लिये
हिम्मत और ताकत के अतुलित भंडार थे

विश्व चकित रह गया, पोखरण विस्फोट से
जिन्दगी की शाम में भी, ..सपने साकार थे

कारगिल के युद्ध में, विजय श्री ले लिया
दुश्मनों के लिये........ दोधारी तलवार थे.....

कवि की अन्तिम यात्रा मे कवि के साथ चलने के लिये कवि का कवि को हार्दिक धन्यवाद.......

शब्द पुष्प मालिका, भाव नेह आरती
दे दो प्रेम मंजरी, अलविदा मां भारती

आज वीणा मौन है, कल्ह फिर मैं आऊंगा
नया साज बाज ले,...... गीत नया गाऊंगा

सफर अभी खत्म है, रसद गये रीत हैं
जन्म मरण शाश्वत, बाकी बस प्रीत है

जीर्ण शीर्ण काया को, आता हूं बदल के
प्यारे देशवासियों, रहना जरा संभल के......

आज विदाई दो हमको, प्यार भरे अरमान से
वहां हमारी मीटिंग है, खुदा यिशु भगवान् से

वहीं खड़े हैं भोले शंकर, वाहेगुरु मां मंगला
शारद माता लक्ष्मी माई, मिलना है हनुमान से

राम लखन सीता मइया हैं, सुन्दर राधे रानी
बातें लम्बी करनी है, चक्रधारी घनश्याम से

दो दो हाथ वहीं कर लेंगें, ख़ुदा और भगवान् से
पूछेंगे क्या दुश्मनी है, मेरे हिन्दुस्तान से......?

फिर लौट के आयेंगे........

अलविदा.....

इंदु सिंह

आज विदाई की बेला में, तुमको साथ
निभाना होगा
डोली और कहार प्रिय, मोदी तुमको
लाना होगा

सुख दुख में हम साथ रहे, तन मन धन
जीवन में
चला गगन बिहारी बन मै, काया तुम्हें
जलाना होगा

अन्त समर, मंजिल पहुंचा दो, जुदा हुये हम
आज से
आज समय हमारा यारा, आज न कोई
बहाना होगा

संस्कृति को जिन्दा रखना तुम, लौट मुझे
फिर आना है
जब भी आयें राष्ट्र भूमि पर, तेरे साथ फिर
खाना होगा...

अलविदा........

भावभीनी श्रद्धांजलि..... ॐ शान्ति शान्ति
शान्ति

अनिल अनल सरल विकल, विमल सजल
सकल सफल
सहज सलिल सरस सुभग, धीर वीर थे
अटल

युग पुरुष कवि प्रखर,.. राजनीति के शिखर
मानवता का पुजारी,..... गये काल मे बिखर

ॐ शान्ति शान्ति शान्ति

इन्दु

- २० -

...*शुद्धिकरण*...

बुद्धि की शमशीर चले और
बलशाली टंकारा
कवियों की अब कलम चले नित
जन ताकत ललकारा

कानून व्यवस्था चुस्त करो
सुरक्षा सामान दो
बलात्कारी को शूली चढ़ा कर
पुरुष को अभिमान दो

बन्द करो गाली गलौज सब
राजनीति करो शुद्ध
जन जन में ये अलख जगाओ
भ्रष्टाचार अवरुद्ध

मीडिया सच्ची सार्थक हो
नेता नहीं निर्रथक
जनता ज्ञान करे उनका हर
वोट है युग प्रवर्तक

पिछड़ों को आगे लाओ पर
इल्म को सम्मान दो
आरक्षण की बलिवेदि पर
युवकों की न जान लो

अधिकारों का उपयोग करें
कर्तव्य का निर्वाह
वतन के गद्दारों का सब मिल
कर दें गंगा प्रवाह...........

- ২1 -

...दोहे में... कोउ न सोचे देश...

आप आप में सब जियें, कोउ न सोचे देश	सरस बरस सावन ऋतु आयी।
सब जो थोड़ा सोच लें,... बदलेगा परिवेश	घनन घनन बदरा नभ छायी॥
आजादी हमको मिली, दे कर कितने मोल	चमके दामिनि घन बिच ऐसे।
बेचते हैं सब इसको,..... टके टके में तोल	सुख दुख आवत जावत जैसे॥
सत्य नहीं ना न्याय है,... फैला भ्रष्टाचार	झिहिर झार जल ऐसो लागा।
रिश्ते नाते खो रहे, परिलक्षित व्यभिचार	अम्बर से झर मोतिन माला॥
आरक्षण की मार से,.... प्रतिभा है बेकार	तृषित धरा आयी तरुणाई।
शिक्षा का दम घुट रहा, बना दिया व्यापार	नव यौवन ने ली अँगड़ाई॥

....

चौपाई..... सरस बरस सावन ऋतु आयी.......

- २२ -

...सोने जैसा देश हमारा...

सोने जैसा देश हमारा, वन जंगल हरियाली
पर्वत नदियां झील समन्दर, पवन चले मतवाली
भोर रंग स्वर्ण लिये आता, सांझ सलोनी सांवर
रात चन्द्र की छटा निराली, रजत धवल रस गागर
धरिणी कितने रत्न संवारे, खनिज हीर भण्डारा
अम्बर अम्बुद अमिय सरसता, देख जले संसारा
हमने अपना खेल बिगाड़ा, निजता मे हैं खोये
वोट नोट के चक्कर में है, भारत माता रोये......

स्वतंत्र है अब देश हमारा, पर आधी आजादी
जाति धर्म के झगड़ों में, हरतरफ लगी बर्बादी

संविधान है वही सुहाना पर कानून मे लोचे
सत्ता के गलियारे मे हर, बदली बदली सोंचे

आरक्षण के चूल्हे पर ही, पकती मत की रोटी
कुर्सी के आगे दिखती है, भारत माता छोटी

समय आ गया जनता मिल कर, प्रतिकार इनका करे
भारत माता जकड़ रही है, उद्धार उसका करें....

- २३ -

...छन्द किरीट सवैया...

गंग जटा शिव पन्नग भूषण

गंग जटा शिव पन्नग भूषण, चन्द्र कला
प्रभु शीश सुहावत
संग शिवा गणनायक कार्तिक, भूत पिशाच
भवेश निहारत

छाल मृगा कटि कर्पट बाघ, धरे विष कंठ
हरे हर संकट
पाप कटे सब कष्ट निवार, करे भय दूर
विनाशत कंटक

भष्म रमाय रहे तन योग, अखंड अभेद्य
अनादिक शंकर
हस्त त्रिशूल त्रिपुंड ललाट, डरे नयना दिख
तीन भयंकर

बैल सवार शिवाप्रिय सुन्दर, भक्त वरै दृग
हास सुकंजित
भांगक रंग चढ़ै जब अन्तक, नाचत हैं
नटराज सुरंजित......

आज धरा नभ आंगन हर्षित, श्रावण मास
घटा घिर आवत
ताड़ित बीच चमाचम दर्शित, वारि फुहार
सुहावन लागत

गंग भरे नद ताल तलैयन, नाचत मोर घने
वन कुंजन
वृक्ष लता विरवा हरियायल, भृंग करे बगिया
बिच गुंजन

लास्य करे शिव भंग चढ़ायल, भस्म धरे जट
गंग सुपावन
शर्व शिवाप्रिय आदि अनन्तक,चन्द्र विभूषित
हैं मनभावन

नाग गले विचरे फुफुआयल, बाघक छाल
शिवासन शोभत
मन्द मन्द मुस्कात शिवा, अधराधर हास
लगे मनमोहक

- २४ -

...सार ललित छन्द...

.... सावन की रिमझिम रसबुँदिया

सावन की रिमझिम रसबुँदिया
भाई तुम आ जाना
राखी के झिलमिल धागे हैं
मंगल तिलक लगाना

स्वर्ण थाल जले ज्योति जगमग
कुमकुम चन्दन रोली
नेह प्रेम के रंग भरे हैं
भावों की रंगोली

निर्मल पावन मधुर मनोहर
भाई बहन का नाता
बिन भाई के बहन अकेली
बिना बहन के भ्राता

चाहे हमसे दूर रहो पर
सावन भूल न जाना
राखी रस्ता देख रही आ
नेह सुमन बरसाना

राखी के धागे हैं कच्चे
पर ये भूल न जाना
किसी बहन पर संकट हो तुम
रक्षारीत निभाना.....

- 25 -

...उड़ जायेगी पाखी...

रस रसभींनी सावन की रुत
लो कुंकुम की थाली
साज सजाओ चूड़ा कंकण
चूनर गोटे वाली

भइया को बाँधेंगे राखी
भाभी देगी कंगन
मंगल कलश धराओ द्वारे
आम्र पात घर आँगन

राखी का त्योहार सजीला
बहनों को आजादी
प्यार भी मांगे नेह मांगती
लेती सोने चांदी

भाभी चाहे जितना खुनके
कुछ ना उसका चलता
भाई बहन के नेह ताप से
उसका जी है जलता

चाहे भाभी जो भी कर लो
भइया तो आयेंगे
मर्जी तेरी हो ना हो वो
तुझको भी लायेंगे

दे दो अपने हाथ के कंगन
तब बांधूंगी राखी
प्रेम प्रीत की पाँखें दे दो
उड़ जायेगी पाखी

- २६ -

...भाल लगा के मंगल टीका...

भाल लगा के मंगल टीका,
बांधे रेशम डोरी
भाई बहन का नाता अद्भुत,
ना कोई बरजोरी

सुख दुख मे है साथ निभाये,
चाहे कितनी दूरी
रोक सके ना नेह नदी को,
कोई भी मजबूरी

भाई का हो जीवन उज्ज्वल,
भाभी झनके चूड़ी
बहना को राखी का नेग है,
मिलना बहुत जरूरी

गले हार मोतियन की माला,
चांदी की पायलिया
जाने को गाड़ी दो भइया, जाऊं
अपनी नगरिया

- 27 -

...है सावन रुत मनभावन...

है सावन रुत मनभावन
राखी त्योहार सुहावन
शर्माये चन्दा सूरज
भइया का चमके आनन

है चन्दन चौक पुराये
शुभ मंगल कलश धराये
रख रजत थाल में राखी
हूं माणिक दीप जलाये

बाजन बाजत है द्वारे
आ जाओ भाई सकारे
केसर अक्षत का टीका
रेशम के धागे प्यारे

भइया सूत्र बंधवाओ
रिश्तों के बाग सजाओ
ना भूलें इक दूजे को
बस वादा ये कर जाओ

- २८ -

...हंसते हंसते जाना...

रोते रोते आये जग मे
हंसते हंसते जाना
काम यहां कुछ ऐसे कर लें
पड़े नहीं पछताना

सत्य न्याय की राह पकड़ लें
मानवता की डंडी
नेह प्रीत की लिये पताका
चलें प्रेम की मंडी

भक्ति गगन से शक्ति धरा से
रहें आत्मसम्मानित
बहुत कठिन ये कर्मभूमि है
चलना है अविरामित

सुबह किरण के साथ सफर है
हो जाती है सन्ध्या
जीवन उर्वर सदा फलित हो
कभी न होवे बन्ध्या

रात शीतला शान्त सजीली
सपनीली शर्मीली
चन्द्र प्रभा बाँटे चन्दनिया
संसृति सरस रसीली

सरित धार मन भाव प्रवाहित
सत् चित शुक्ल सुनन्दा
प्रेम पुंज पावन परिभाषित
अविरल निर्मल गंगा

- २9 -

...कंवल चुराने आये हैं...

कुसुमित फुल्लित हृदय कुंज
इक कंवल चुराने आये हैं
प्रेम अगन दहके अंगारे
अनल चुराने आये हैं....

एक नाद बिखरी ध्वनि कण कण
मन अम्बर घन घहराया
सरस बरस रस नेह अमिय सुर
विकल चुराने आये हैं........

गीत छन्द वीणा अनुगूंजित
भानु प्रखर गिरि श्रृंगों पर
प्रणय प्रवाहित नीर नदी का
सकल चुराने आये हैं.......

रंजित नयन मोह मद प्लावित
अधर बन्द द्वय आनन्दित
योग भोग संयोग प्रीत का
अटल चुराने आये हैं........

- ३० -

...नैना पथराये...

बाट तकत नैना पथराये
सूने साज श्रृंगार
अंसुअन संग विरह सरिता में
बह गये काजर धार

कमल कुंज कलियां मुरझाई
अलि दल भूले गूंजन
अमराई है सूनी सूनी
काकफली नहि कूजन

अमरलता सिमटी सिकुड़ी है
लाजवन्ती मुख सून
विहग राग खोये खोये हैं
बिना पानी ज्यूं चून

आयेंगे जब प्रियवर द्वारे
मलय करे अगुआई
चन्दन केसर परिमल गन्धित
मंगल कलश धराई......

- 31 -

...सुबह सुहानी दिन रंगीले...

सुबह सुनहरी दिन रंगीले
सांझ गुलाबी महकी
रात रागिनी सुर सारंगित
मस्त शराबी बहकी

स्वर्णिम किरणों से बरसे है,
यौवन की अँगड़ाई
प्रखर रवि की धूप ताप में,
सांसों की गर्मायी

सांझ क्षितिज पर मिलन जुदाई,
थिति अम्बर सतरंगे
निशा चन्द्र की धवल चांदनी
श्वेत श्याम नभ गंगे

मन्द पवन के सुरभित झोंके,
वल्लरियां इतराये
अलि प्रिय प्रीत राग अनुनादित
कुसुम कली शर्माये...

गंग धार सी अविरल निर्मल
प्रेम पयोध प्रवाहा
रोम रोम शीतल आनन्दित
पल पल रीत निबाहा

सुभग अमिय भर स्वर्णिम कलसी
प्रीत राग रस घोला
छलक छलक जाता है जब जब
मन मधुमय हो डोला

तन मन बांधा प्रेम डोर से
बन्द झरोखे द्वारा
सागर से गहरे दो नयना
डूब गये मजधारा

चम्पक वन अभिरंजित अन्तस
हिमकण धवल सुहावन
पद्म कुंज के नील कंवल सा
लगता वो मनभावन.......

- ३२ -

...फूल खिलाने आये हैं...

पुलकित सुरभित वन उपवन, इक
फूल खिलाने आये हैं
अलि दलों के गुन गुन संग मृदु
तान सुनाने आये हैं........

शब्दों ने श्रृंगार किया है
गीत मधुर अनुगूंजित है
हाव भाव छन्दों को ले कर
मन महकाने आये हैं........

फूलों की रक्तिम पंखुड़ियां
ले नव नव श्रृंगार हुये
पल्लव का ले हरित रंग
कण कण हरिआने आये हैं........

लचक डालियों से ले लेते
तरुवर देता तरुणाई
सरिता से लहराना ले कर
गंग बहाने आये हैं.........

पर्वत का धीरज अवधारे
धरती नित नवल नवेली
सागर की गहराई गरिमा
गरल मिटाने आये हैं..........

इन्द्रधनुष के रंगो में है
जीवन रंग रंग जाता
चन्द्र प्रभा की सुभग तूलिका
अंग सजाने आये हैं ......

- ३३ -

...हिन्दी है बड़भागी...

भाव भंगिमा ललित कलित है
सतरंगी अनुरागी
सुन्दर शील सुवासित मंजरि
हिन्दी है बड़भागी

गीत राग अभिरंजित पूजित
भरी अमिय की कलसी
हर भाषा सुन्दर पर हिन्दी
है आंगन की तुलसी

रची बसी संस्कृति की गरिमा
नव दुल्हन सम रूपा
अलंकार झंकार करे जब
मलिनी दिव्य स्वरूपा

फूलों का रस रंग समाहित
लचके जैसे डाली
सींचें प्रेम नीर से हिन्दी
तब हम सच्चे माली.......

- 34 -

...इसे चुरा ले जाओ...

भोर स्वर्ण की थाल सजाये
अर्क ज्योति बरसाता
पाप ताप सब जला जला है
इसे चुरा ले जाओ

रात चारु चन्द्रिका निर्मल
बिखरी चांदी चांदी
श्वेत श्याम सब भला भला है
इसे चुरा ले जाओ

शाम तले सतरंगी चूनर
वसुंधरा शर्माती
सुख दुख का ये रूप ढला है
इसे चुरा ले जाओ

शिव ही सत्य है शिव ही सुन्दर
रामा कृष्णा सुष्मित
राधा मीरा प्रीत कला है
इसे चुरा ले जाओ

- 35 -

...सुन्दर सुगीत गान...

सुन्दर सुगीत गान,. नित्य प्रति गाइये
सरस बरस नेह प्रीत बादरा बरसाइये

सकल सृष्टि रंग रंगा आप भी रंग जाइये
प्रात दिवस सांझ रात,.. इन्द्रधनुष पाइये

लहर लहर सरित संग अविरल बह जाइये
पर्वत उत्तुंग शिखर,........ कर्मयोग जाइये

धीर वीर कर्मशील,..... जिन्दगी सजाइये
नाते रिश्ते वन्धु सखा... दिल से निभाइये

....
गहरे सागर जाइये.......

गहरे सागर जाइये,..मोती मिले अनेक
ज्ञान गंग अति गाहरी, जो ढूंढ़े सो लेत

दुखड़ा कहीं न रोइये, सुन के सब हंस जाय
अपना आप बनाइये, ...जग भी पीछे आय

दुख मे साथ निभाइये, ...दूर रहें या पास
सुख में चाहे भूलिये, ...बात नहीं है खास..
...

- 36 -

...मलय पवन सनन सनन...

मलय पवन सनन सनन..
घोर घटा दामिनी
प्रीत छवि स्वर्ण किरण
विहग विटप रागिनी

सांझ ढले क्षितिज तले
धरा गगन चूमती
लाल पीत रंग श्वेत
दिवा नयन मूंदती

आ गयी विभावरी
लपेट स्याह पट्टिका
झिलमिलाते तारे,
झकास झिहिर लत्तिका

ताक झांक चन्द्रमा
अभी ठहर भी जाओ
प्रभासती तमाल प्रिय,.
प्रियतमा बुलाओ

- 37 -

...विभावरी उत्कंठ...

भाव तूलिका सुभग उकेरे,
हृदयग्राह्य सतरंग
दिवा सिमटती हुई सन्ध्या,
विभावरी उत्कंठ

तारे सिमटे चन्द्र उदित नभ,
प्रमुद प्रभासित पुंज
हौले हौले पवन डोलता,
मिलन गीत अनुगूंज

तन मन बहके सांस सुगन्धित,
सपन मदिर मद घोल
सरस सुहावन अति मनभावन,
प्रियतम मधुमय बोल

मन पंछी विश्रान्त पाश घन,
प्रीत बादरा जोर
अधर मौन चुपके चुपके अब,
झांके नेह अँजोर ....

- ३८ -

...जीवन के दिन चार...

हंस लो गा लो मौज मना लो
जीवन के दिन चार
जो करना है अब ही कर लो
कल पर कुछ ना टार

प्रेम स्नेह के रंगों से नित
नित ही खेलो फाग
काल काल है क्या भरोसा
कब आ जाये भाग

धन दौलत ये महल अटारी
कुछ नहि जाये संग
मन आंगन को खूब सजा लो
इन्द्रधनुष सतरंग

जब जाने की बेला आये
अश्रु भरे हर आंख
छोड़ पिंजड़ा उड़े परिन्दा
लिये नेह के पांख..........

- 39 -

...रंग देना रंगरेज...

रंग देना रंगरेज गुलाबी
मोर चुनरिया मलमल की
आसमान के चांद सितारे
टंकवा देना झलमल सी......

बैरी झांझर बाज न आये
शोर मचाये बेकल सी
रंग देना रंगरेज गुलाबी
मोर चुनरिया मलमल की

मस्त हवा के जोर झकोरे
आंचल उड़ उड़ जायो री
वन में मोर मुंडेर पे कागा
सजन मिलन रुत आयो री

लाखों सपन सजाये मनवां
द्वार निहारे घड़ी घड़ी
स्वर्ण कंकणा पिय अनुरागी
उत्कंठित है पड़ी पड़ी

कान में झूमर मंगल टीका
नाक नथनिया ढुलमुल सी
रंग देना रंगरेज गुलाबी
मोर चुनरिया मलमल की.......

अँख कजरा गजरा कच वेणी
अनुनादित प्रतिपल पल सी
रंग देना रंगरेज गुलाबी
मोर चुनरिया मलमल की.....

कटि करधन झनके है झन झन
पिया पिया सुर बोल रही
हिय मधुशाला नयन सुराही
प्रेम पियुष मद घोल रही

- 40 -

...मइया तेरी शान निराली...

मइया तेरी शान निराली
ऊंचे पर्वत वाली
अधर धरे मृदु हास सरस रस
नयन मदिर मतवाली

लाल वसन शुभ अंग सुशोभित
माथे मंगल टीका
जगमग जोत जले दिन रैना
अर्क पुंज है फीका

कर्ण विभूषित स्वर्ण कुण्डला
हीरक लौंग प्रकाशित
मोती माणिक रत्न विविध से
उंगलियां आभासित

कटि करधनि की छटा निराली
पांव में झांझर झनके
सिंह सवार निकली है माता
भक्त वत्सला बन के.........

माता सुन लो विनय हमारी
जग निर्मल कर देना
दुष्ट दलन महिषासुर मर्दन
व्यभिचारी वध देना

सकल विश्व जगमग कर दो मां
दूर अन्धेरा भागे
काम क्रोध मद लोभ लीन हर
मानव नींद से जागे

जग कल्याणी मातु भवानी
प्रेम प्रीत उर भर दो
शेर सवारी पर्वत वासी
बुद्धि विद्या वर दो

चरण शरण हम आये तेरे
सन्तति पुत्र संवारो
कृपा करो मां शेरावाली
सुख समृद्धि विचारो

मंगल करणी चिन्ता हरणी
तू है जग कल्याणी
तेरी माया तू ही जाने
हे जगदम्ब भवानी

पूजन अर्चन विधि विहीन मैं
प्रेम नेह अभिव्यक्ति
ले कर आये द्वारे तेरे
निर्मल श्रद्धा भक्ति

इंदु सिंह

भर दो मइया झोली मेरी
बिना लिये नहि जाऊं
तेरे बिन नहीं कोई सहारा
नित नित शीश झुकाऊं

अनधन के भंडार भरो मां
बच्चों की किलकारी
शत्रु वार ना करने पाये
देना विजय हमारी

मइया तेरे रूप अनेको,
महिमा तेरी न्यारी
भक्तों के हर कष्ट हरे तू,
चण्ड मुण्ड संहारी

महिषासुर मर्दनी तू माता
सर्व मंगलकारी
रक्तबीज का रक्त पान कर,
भयी जगत सुखकारी

माया तेरी तू ही जाने,
लाल चुनरिया वाली
तेरे द्वारे जो भी आया
भर गयी झोली खाली

शेरा वाली माता तेरी
जगमग जोत निराली
हर दिन हर पल करती
अपने बच्चों की रखवाली..

🙏 बोलो जय माता की 🙏.......

- 41 -

...दुख भंजक सुखकारी माता...

दुःख भंजक सुखकारी माता,
तेरी जय जयकार
पाप हरो सब कष्ट निवारो,
कर दो बेड़ा पार

भक्तों पर है दया तुम्हारी
दुष्टों पर है वार
धुम्रविलोचित नयन मद भरे
महिषासुर संहार

लाल लहालही चूनर शोभे,
अंगिया बूटेदार
नाक नथनिया मंगल टीका,
पग पायल झनकार

तेरी लीला तू ही जाने
महिमा अपरंपार
शुम्भ निशुम्भ विदारे मइया,
चरण पड़े संसार
मइया तेरी जय हो.......

- 42 -

...मत्तगयंद सवैया में...

कंचन थाल कपूर सुगन्धित ......

कंचन थाल कपूर सुगन्धित, माणिक दीपक जोत जलाये
कंचुकि लाल लहालही चूनर, पीत झकाझक गोट लगाये
वन्दन है दिन रैनन बैनन, आरति गीत सुमंगल गाये
पूर्ण करो मइया अभिलाष कि, दो वरदान सभी सुख पायें

नैन विशाल विलोकत मादित, शोभित रक्त शिगूफित माला
ले असि ढाल कृपाण सुसज्जित, राक्षस दम्भ जलै दृग ज्वाला
शत्रु विनाश करो भव तारिणि, द्वार खड़े हम आस लगाये..
नाश करो सब पाप हरो हर, संकट दुर्गति पास न आये

- 43 -

...मन्दिरा सवैया में चाँद दर्शन... करवा चौथ...

चन्द्र सुहावन

आज नहीं बदरा अइहो
लख अम्बर चन्द्र सुहावन है
तारक जा कर रास करो
निशि सुन्दर औ मनभावन है

साजन आवत आज सखी
अंखियां भर रंग सनेह चली
मारुत शीतल शीतल है
मृदु साज तरंगित आज गली

नैनन दर्शन आस लगी
प्रिय काजर धार पुकार रही
झांझर कंगन अंग सजे
तन चूनर लाल निखार रही

आन मिलो न विलम्ब करो
छुप जाय नहीं कहिं चन्द्र प्रभा
रंजित कंजित आनन है
शुभ मोहक प्रीत सजाय निशा

साज सजे कुछ राग बजे,
सुर प्रेम समाहित गीत लगे
सोच रही मन ही मन मे,
वह कौन सखा मन मीत लगे

भूषण अंजन रंजन है,
सजना बिनु साज न शोभत है
नौलख हार न भाय जिया,
पग पैंजनिया नहि बोलत है

झांझर रूठ गयी अब तो,
बजती नहि लाख मनाय रही
कौन उपाय बताओ सखी,
नकबेसर भी बिधुआय रही

पद्म परागित पीत हुये,
घड़ियां अलि कूजित गुंजन की
हे विभु आज सरूप दिखा
रुत आय गयी अवसंजन की

इंदु सिंह

भाल सजाय रही टिकुली
चमके ककणा खनकाय रही
झूलत है झुमका झुलनी
ललकी चुनरी लहकाय रही

सुष्मित लागत रंग भरे
नव नील हरे पियरी उजले
राग हुये सब फाग हुये
तरु पात लता अलि झूम चले

शीत हवा लिपटी तन से
वसुधा हंसती गिरि श्रृंग तले
प्रेम प्रकाश भरे मन मैं
उर आंगन दीप हजार जले

पूर्ण हुयी विरहा घड़ियां
प्रिय आवत ही नव कंज खिले
चन्द्र सुहावन अम्बर मे
मनभावन साजन आन मिले

- 44 -

...नैहर में हो भाई भतीजा...

नैहर में हो भाई भतीजा
अन धन का भंडार
नेह की झोली भरी भरी हो
मां बाबा का प्यार

सास ससुर का नेह प्रेम हो
साजन का अनुराग
दिन हो होली रात दीवाली
सांझ वसन्ती राग

ससुरा में श्रृंगार अमर हो
गोद गजाधर पूत
रुनक झुनक बेटी की हलचल
देवर ननदी धूप

नारी जीवन बहुत सुभग है
एक ही रूप अनेक
माता बहना अर्धांगिनी है
लैला एक से एक........

- 45 -

...करवा चौथ की कामिनी...

काले काले केश घनेरे
चंचल नैनों वाली
अधर धरे फूलों की रंगत
श्याम घटा मतवाली

अंखियन अंजन धार कटारी
लाल चुनरिया झलके
मुखमंडल आनन्द प्रभासित
अमिय अधर घट छलके

रंग हिना शुभ रची हाथ में
सुवरण कंगन डोले
प्रेम रंग हिय रची रंगोली
साजन साजन बोले

उतर आयी है रात नवेली
महकी रजनीगंधा
मन में दीप जले हैं सौ सौ
देख लिया मुख चन्दा

धवल चन्द्रिका नील गगन का
धरती पर उजियारा
मन में प्रेम समाहित जिसके
उसका रूप सितारा

नेह मिले अरमान खिले, हर
चमन चटकती कलियां
धरती सदा सुहागन हो, विभु
दरश दिखे हर गलियां.....

- 46 -

...छन्द त्रिभंगी...

नैनन का प्याला

नैनन का प्याला, रंगी हाला
उसने डाला, मधुशाला

है मन मदमादित तन आमोदित
जग आनन्दित सुख वाला

अवनि हंसे अम्बर, रचा स्वयंवर
मनहर प्रियवर, मतवाला

सब ललित कलायें लेती बलायें
वृक्ष लतायें, सुर डाला

नभ मेघ घटायें, जल बरसायें
भर भर जायें, नद नाला

गाती कणिकायें, साज सजायें
हिय हर्षाये, रस डाला

खेचर सुर बोले, हौले हौले
रस रस घोले, दुख टाला

बाहें फैलाये, पलक बिछाये
मुझे बुलाये, दिल वाला.........

- 47 -

...सुष्मित मृगनयनी...

सुष्मित मृगनयनी, कोकिल बैनी
सुभग सलोनी, मतवारी

चंचल वृजनारी, नैन कटारी
प्यारी प्यारी, मुख झलके

सुन्दर मुखमंडल, नभ भूमंडल
आंचल ढल ढल, शुभ नारी

तन पीत चुनरिया, भरे गगरिया
चली नगरिया, रस छलके

राधा मनभावन, कृष्ण सुहावन
प्रेमी पावन, सुखकारी

पग झांझर बोले, कटि तट डोले
रस रस घोले, पट ढलके

हासत वृजवाला, रंग रस डाला
प्रेम पियाला, मनहारी
....

चुपके मनमोहन, दिय झकझोरी
गागर फोड़ी, चल चलते.......

- 48 -

...चन्दन चौक पुराये हैं...

शब्द शब्द मणिमाल पिरोने,
सांस के तन्तु लाये हैं
उर अम्बर पर रचा स्वयंवर
चन्दन चौक पुराये हैं

आशाओं के मंगल घट में,
प्रेम नीर छल छल छलके
दीप नयन के ज्योतिर्मय हैं,
प्रिय मुख झलमल झक झलके

पिया मिलन की पावन बेला
आज नही कोई रोके
गगन घटा चन्दा ढंक लेना
राह न चन्दनिया रोके

अधर धरे रस मधुमय हाला,
मंजरियां मन खिली खिली
रोम रोम चन्दन बन सुरभित,
अंखड़ियां हैं ढली ढली......

- 49 -

...कलम के बोल...

कलम है कमाल ढाल,.... वार तलवार है
कुबोल या सुबोल हो, दिल के आर पार है

प्रेम प्यार नेह प्रीत.... रंग हर उकेरती
विटप फूल पत्तियों से, लाती बहार है

भेदभाव जातिवाद झूठ कपट छल क्षुद्र
नफरतों के शोलों से, शब्द तार तार है

खूब सजे पहन के..... वासन्ती चोला
वीर बलिदानियों का, नमन बार बार है

सीमा के रक्षक जो... वीर व्रतधारी
लेती बलायें नित्य.. उनकी हजार है

फूलों संग खिलती है भंवरों संग गाती
धरती से अम्बर तक इसका घर वार है

गीत ग़ज़ल शायरी दिल से लिखे अगर
इश्क का समन्दर, बस प्यार प्यार प्यार है

- 50 -

...एक दीप भगवान को...

एक दीप भगवान् को
एक दीप हो काम को
एक दिया संघर्ष को
एक दीप आराम को......

एक दीप हो देश को
एक हो समाज को
एक दीप परिवार को
प्रेम की हर आवाज को......

एक दीप सम्मान को
एक हो स्वाभिमान को
एक धरा और अम्बर को
एक हो वीर जवान को.......

एक दीप हो प्यार को
एक दीप तकरार को
एक दिया हो पानी को
एक दीप अंगार को......

एक दीप घर आँगन में
एक दीप हो मन्दिर को
एक दीप बाहर जले
एक जले मन अन्दर को ....

एक दीप तक़रीर को
एक दीप तहरीर को
चिरंजीव हर दीप हो
एक दीप तक़दीर को ....

- 51 -

...दीप मालिका झिलमिल...

दीप मालिका झिलमिल झिलमिल
ज्योति पर्व दीवाली
झूठे का मुंह काला काला
सच्चाई मुख लाली

स्वागत राम सिया का सुन्दर
आज अयोध्या नगरी
छलक छलक छल छलक रही है
राम नाम की गगरी

घर घर दीप जले जगमग पथ
हो सारा उजियारा
मन प्रकाश भर हो आलोकित
ज्योतिर्मय जग सारा

सच्चाई का दीप बनायें.,
नेह प्रेम की बाती
प्रीत जोत से जगमग कर दें
भोर सांझ दिन राती

एक दीप हो घर आंगन का,
एक हो अन्तर्मन का
एक देश के लिये जलायें
एक जले जन गण का

एक दीप सेना का वन्दन,
सीमा के रखवाले
एक अमर शहीदों का हो
मस्त मस्त दिल वाले

जय बोलो लक्ष्मी मैया की
जय हो गणपति देवा
भोग लगाओ लड्डू पेड़े
हमको सुखमय मेवा

विदा हुई है ग्रीष्म बहुरिया
सर्दी की पहुनाई
दक्षिणायन सूरज हो गये
खोलो गर्म रजाई

तम भागे फैले उजियारा
सत्य समर्थित तन मन
भाव भावना भाईचारा
खुशहाली हो जन जन....

\- 52 -

...खूब सजी दीवाली...

झिलमिल जोतों वाली
खूब सजी दीवाली
रात सुखद मनभावन
आयी सपनों वाली.......

लक्ष्मी का आराधन
घर आँगन है पावन
मंगल कलश धराये
शुभ गणपति सुहावन.......

धन बल बुद्धिक दाता
सम्पूरण हर आशा
मिटते तमस निराशा
जगमग मन अभिलाषा......

दूर करें तम मन के
प्रेम झमक उजियारा
भेद भाव मिट जाये
फैले भाईचारा......

- 53 -

...आज की शाम... भारतीय सेना के नाम...

.... दीप जला कर वन्दन कर लें.....

दीप जला कर वन्दन कर लें
भारत के रखवालों का
वतन के दिल में दिल बसे जो
शेर ज़िगर दिल वालों का

शान तिरंगे की रखने को
जो नित देते कुर्बानी
खूं से जिनकी होली होती
शोलों में जले जवानी

उस मिट्टी से चन्दन कर लें
पाँव जहां मतवालों का
दीप जला कर वन्दन कर लें
भारत के रखवालों का

आन बान भारत के सैनिक
शत शत नमन हमारा है
जिनके दम से सदा सुरक्षित
हंसता चमन बहारां है

करो आज अभिनन्दन उनके
धैर्यवान घरवालों का
दीप जला कर वन्दन कर लें
भारत के रखवालों का

जान हथेली पर रहती है
वन जंगल घर द्वार बने
कन्धों पर बन्दूक सजाये
सीने रहते तने तने

भर प्रकाश अवसंजन कर लें
दुश्मन के इन कालों का
दीप जला कर वन्दन कर लें
भारत के रखवालों का.......

जय हिन्द की सेना......

- 54 -

...दीपोत्सव की शाम समर्पित...

दीपोत्सव की शाम समर्पित,
सैनिक वीर जवानों को
है वतनपरस्ती धर्म कर्म
बेख़ौफ़ ज़िगर परवानों को

नत दीपों से वन्दन इनका,
पग रज जिनका चन्दन है
कर्जदार है बूटा बूटा
उनके समस्त बलिदानों को
दीपोत्सव की शाम समर्पित
सैनिक वीर जवानों को....

उनके घर सूने हैं उन बिन,
खुशियां दर दीवाली है
जल जाते जो तूफानों में
उन शूर वीर मस्तानों को
दीपोत्सव की शाम समर्पित
सैनिक वीर जवानों को........

हम रंगों की होली खेलें,
उनके हिस्से में गोली है
थर्राते हैं दुश्मन जिनसे,
मदमस्त मस्त दीवानों को
दीपोत्सव की शाम समर्पित
सैनिक वीर जवानों को.........

- 55 -

...सजती है दीवाली...

नयन दीप की जोत जले तो
सजती है दीवाली........

प्रेम का दीपक, भाव की बाती
हंसती रैना काली
स्याह रात अम्बर की चादर
धरती झकमक थाली
नयन दीप की जोत जले तो
सजती है दीवाली........

आसमान मे तारे झिलमिल
मन आंगन फुलझड़ियां
भोर सुहानी दिन रंगीला
सांझ रंगोली वाली
नयन दीप की जोत जले तो
सजती है दीवाली........

प्रिय मिलन हो, दरश सुहावन
मंगल पावन बेला
अक्षि कटोरे रंग भरे हों
अधर प्रीत की लाली
नयन दीप की जोत जले तो
सजती है दीवाली.........

पवन चले मकरन्द उड़ाये
पद्म गंध तन सुरभित
रस भारित मदमत्त ह्रदय की
प्रिय की हो रखवाली
नयन दीप की जोत जले तो
सजती है दीवाली.........

- 56 -

...तभी सही दीवाली होगी...

भ्रष्टाचार का दहन करें
कर्तव्यों का निर्वहन करें
सत्य न्याय की लाली होगी
तभी सही दीवाली होगी

आरक्षण अन्याय मिटे जो
युवा शक्ति को न्याय मिले तो
बागों में हरियाली होगी
तभी सही दीवाली होगी

भीषण दहेज की ज्वाला में
प्रजाता मन नहीं छाला में
पति की जात न जाली होगी
तभी सही दीवाली होगी

बेटी का जन्म वसन्त लगे
वहशी तन मन का अन्त चले
मंगल हाथों ताली होगी
तभी सही दीवाली होगी

हुस्न इश्क जब मिल जाये हर
दिल दिल में कलियाँ खिल जाये
वो रात बहुत मतवाली होगी
तभी सही दीवाली होगी

जब शान तिरंगा लहराये
सैनिक जय कर घर आये
उस शाम झूम कव्वाली होगी
तभी सही दीवाली होगी.......

- 57 -

...सैनिक वीर जवान...

आन बान और शान देश के
सैनिक वीर जवान
दीप जला कर कर लें इनको
सौ सौ बार सलाम

नर्म गलीचों पर हम सोते
इनकी होती जाग
देश मगन जब दीवाली में
इनके खूनी फाग

सीमा पर है डटे हुये ये
लिये बसन्ती राग
दिल फूलों सा कोमल कोमल
भड़के तो हैं आग

नतमस्तक है खड़ा हिमालय
धरा चूमती पांव
हवा झूमती दामन छू कर
नगर नगर हर गाँव.......
जय हिन्द.........

- 58 -

...लाल लाल चूड़ियाँ...

प्रियतम का प्यार लाल लाल चूड़ियाँ
सुख का संसार लाल लाल चूड़ियाँ

झनकती खनकती जोर
छन छन छनकती शोर
सावन फुहार लाल लाल चूड़ियाँ
मेघ मल्हार लाल लाल चूड़ियाँ

सजती कलाई खूब
सुख दुख की छांव धूप
करे मनुहार लाल लाल चूड़ियाँ
अद्भुत श्रृंगार लाल लाल चूड़ियाँ

सावन बसन्त संग
हरी नील पीत रंग
नखरे हजार लाल लाल चूड़ियाँ
राग रसधार लाल लाल चूड़ियाँ

हुलसे है, मौन कभी
प्रीत रीत गौण कभी
मन की जीत हार लाल लाल चूड़ियाँ
तीर तलवार लाल लाल चूड़ियाँ

- 59 -

...प्रेम विभूषित भाव मंजरी...

प्रेम विभूषित भाव मंजरी,
शब्द शब्द श्रृंगार.
छन्द रचित हो जाते अनुपम,
ललित रुचिर रसधार

मन दर्पण छव ताक झांक है,
समझ पड़े नहि बात
चोर चकोर भोर की किरणें,
या अभिलाषित प्यार

निर्मल गंग विहंग तरंगित,
उदधि मिलन की आस
पंचवाण शर रुत सम्भावित,
रुके न तीव्र प्रहार

श्यामल भूतल नीला अम्बर,
घन तरुवर की छांव
प्रणय पखेरु बन वसंतप्रिय,
नित नित नव अभिसार

लाल चूड़ियाँ रंग बिखेरे
कुन्तल रंजित लाल
प्रेम स्नेह की रची लालिमा
चहुं दिशि लाले लाल.......

- 60 -

...सकल लखत रंग लाल...

लाल लाल चहुं ओर विलोकित
जहं देखूं तहं लाल
लाल रंग टहकार टिकुलिया
माथे करे कमाल

भाल लाल सिन्दूरी सूरज
मुख पे घूंघट लाल
साजन नैना लाली छलके
हुई शरम से लाल

लाली रुत में पवन झकोरे
उड़ गयी चूनर लाल
हाय सखी री क्या बतलाऊं
छनकी चूड़ी लाल

लाल कपोल अधर रुचि रंजित
प्रेम पियुष रस लाल
मधुप यामिनी चन्द्र सुहावन
श्याम निशा मन लाल.......

ललित लाल मनभावन पावन
रचे महावर पांव
झनक झनाझन लाल चूड़ियाँ
सुभग कदम्बक छांव

पीत वसन तन कुंजबिहारी
राधिक चूनर लाल
चम्पक लाल सजे घन कुन्तल
लचकत डाल तमाल

अंखियन भाषा लाल प्रेम के
पिया रसिक रस लाल
हृदय कंवल दल लाल सुहावन
निरखत कन्त निहाल

लाल वसन तन लाली लहके
धरती अम्बर लाल
नव यौवन की लाल लालिमा
सकल लखत रस लाल

- 61 -

...कमाल चूड़ियाँ...

साज है श्रृंगार,... लाल लाल चूड़ियाँ
संस्कृति व्यवहार, नेह ताल चूड़ियाँ

लाली सुहावन है,..... बजे मनभावन
मानो न मानो,........ कमाल चूड़ियाँ

मोहती है मन को,...... सोहती है तन
करती है पल में........ हलाल चूड़ियाँ

मान अभिमान है,... नारी स्वाभिमान
शोभा अपार,....... बेमिसाल चूड़ियाँ

गरजे है बरसे है,..... सावन सी सरसे
प्रियतम को करती..... बेहाल चूड़ियाँ

शोला है शबनम है, मधुर मधुर सरगम
हरी पीत नील,..... लाल लाल चूड़ियाँ

- ६२ -

...उठो जगो मार्तण्ड प्रभासित...

अति मनभावन सुभग सुहावन
    गुनगुन का गुणगान
अलि गूंजन प्रातः ज्यूं उपवन,
    कलियों की मुस्कान

हृदय कुंज सरसिज मकरन्दित,
    पात तुहिण कण सोह
सुन्दर शीतल सुखद यामिनी
    पवन नवल सुर मोह

ललित लालिमा सजे दिवाकर
    वसुंधरा में हर्ष
विहंस रहे तरु पल्लव डाली
    कली कली उत्कर्ष

आंगन फुदक रही गौरैया
    फूल फूल अलि गूंज
सतरंगी तितली की पंखें
    अभिरंजित दल कुंज

लहर लहर है ताल तलैया
    मीन मगन किल्लोल
शुभ्र हुलस बक पाँत सुहावन
    चहुंदिश जग आलोक

मस्त मलय थम थम कर डोले
    बोले पुलकित भाष
उठो जगो मार्तण्ड प्रभासित
    पूरी हो अभिलाष ......

- 63 -

...रैन सजे रसवन्ती...

प्रियवर आये मृदु मुसकाये,
रुत मंगल वासन्ती
मन मयूर बिन सावन नाचे,
रैन सजे रसवन्ती

प्रीत बयन मन लाज लजाये,
गात हुये सिन्दूरी.
उर गागर मद मधुरस ढलके
मदिर सुरा अंगूरी

बैरी कंगन झाँझर झनके,
गलमाला मतवाला
कजरारे नयनों से छलके,
प्रेम रंग की हाला

झक्क चांदनी वसुधा मादित
मौन मन्द मुस्काये
रवि किरणों को चोर चन्द्र ने
चुपके लिये चुराये

अपलक झलक प्रिय मुख निरखत,
श्वेत श्याम रतनारे
भूली विरहा की विभावरी
भूले सब अँधियारे

आतुर भाव तरंग प्रभंजित,
प्राण प्राण अकुलाये
प्रवल नेह की विकल धार मे,
तन घुल मिल बह जाये........

- 64 -

...सार ललित *छन्द*...

.......साजन आवन की बेला है......

साजन आवन की बेला है
मलय गन्ध वासन्ती
रुनुक झुनुक पायलिया गाये
सरस राग रसवन्ती

माथे टिकुली लहालोट है
मांग सजे सिन्दूरी
शुभ्र कपोल दहक अंगारे
अधर अमिय अंगूरी

डोले झुमका स्वर्ण सुहावन
चमक दमक गल माला
नयन कटोरे छल छल छलके
भरी प्रेम की हाला

पीत वसन तन मंडित भूषण
लट लाली लहकाये
प्रीत कुंज से रंग हिना के
किसने लिये चुराये

रंग महल के दस दरवाजे
बन्द किये हैं सारे
चांद झीरियों से मत झांको
रहने दो अँधियारे

दरश हरष मन मंगल दीपक
प्रिय मुख सुभग सुहाये
प्रवल प्रवाहित नेह गंग में
चन्द्र बदन बह जाये......

- 65 -

...हरित धरा की हरियाली में...

हरित धरा की हरियाली में
संझा पलक झुकाये
धीरे धीरे चुपके चुपके
स्याह रंग फैलाये

थकी थकी सूरज की किरणें
धरती पर झुक जाये
सुभग मिलन अम्बर थिति लख कर
पात पात मुस्काये

आने वाली रैन सुहानी
पंछी पंख समेटे
थमी उड़ाने विहग नीड़ में
सोये सपन लपेटे

तारों की बारात सजेगी
निशा गहन अंधियारी
अलस पलक नींद मद भारित
सोयी अँख कजरारी

- 66 -

...रूपमाला छन्द...

नील अम्बर से धरा तक.........

नील अम्बर से धरा तक
भोर का रस रंग
डोलते तरु पात पुलकित
विहग हर्षित अंग

भानु की लाली ललित मे
है धरा खुश मग्न
रात की चुप चुप उदासी
भानु करते भग्न

ले कलश भर नीर झटकत
कामिनी गृह ओर
भाल लाली है सुहाती
लाल लहकत ठोर

लाल चूड़ा लाल बिन्दी
झूल झुमका जोर
लाल रच ली है महावर
पाँव गोरे गोर

नैन कजरा केश गजरा
हार मोतिन माल
पीत चूनर है झकाझक
झांझरों की ताल

राह में ही राह तकते
हैं कहीं चितचोर
बावरे नैना निरेखे
पुलक पोरे पोर.......

- 67 -

...वेदना उर की मिटा दो...

वेदना उर की मिटा दो, प्रेम को प्रत्यक्ष
कर लूं
अर्चना प्रिय वन्दना कर, अंग पोरे पोर भर लूं

नयन अभिलाषित चिरंतन, अंजुरी से ज्योति
भर दो
साधना आराधना को, निज अधर से अमर
कर दो

चिर प्रतिक्षित उर मिलन का, चन्द्र चित्रित
रैन मधु है
साज है मनुहार प्रियतम, आगोश प्रियवर
विभु है

रागिनी सांसों की मधुरिम, गीत नव नव
भावना के
सफल होंगे आज सपने, मौन तप आराधना के

गीत लूं मैं छन्द प्रीतम, भावों की
पुष्पांजलि भर
नेह गंगाजल की गागर, करूं अर्पित नित
निरंतर

चाह किंचित भी नहीं है, पद्म सा अनुराग
दे दो
मौन वीणा के सुरों को, मधुर मंजुल
राग दे दो.......

-68-

...शेर सवारी नैन कटारी...

शेर सवारी नैन कटारी
नथनी गोले गोल
दुष्ट विनाशे, भक्त संवारे
जय माता की बोल
बोलो जय माँ अम्बे.......

घट घट वासी सुभग सुहासी
जगमग जलती जोत
ध्यान करें चिद् ज्ञान करे तो
पूर्ण मनोरथ होत
बोलो जय माँ अम्बे.......

लाल मातु के चोला शोभे
लाल सजा दरबार
स्वर्ण हार, झक टीका झिलमिल
पग पायल झनकार
बोलो जय मां अम्बे ......

दुष्ट दलन करती है माता
धैर्य धरो कुछ देर
देर सवेर भले हो जाये
होता नहीं अन्धेर
बोलो जय माँ अम्बे.......

मंगल करणी, चिन्ता हरणी
दया की है भण्डार
पाप बढ़े तो फिर से होगा
दुर्गा का अवतार
बोलो जय माँ अम्बे.......

शुभ वर दो मां शत्रु विनाशो
महिमा अपरम्पार
बीच भंवर में नाव पड़ी जब
तू हि लगाये पार
बोलो जय मां अम्बे......

धन वैभव सुख सन्तति की है
बस तू ही रखवार
बाल बांका नही हो सकता
तू है पालनहार
बोलो जय मां अम्बे.......

भक्ति दो माँ शक्ति दो तुम
अटल रहे विश्वास
लाल लहालही दरबारा हो
तेरी जय जयकार
बोलो जय मां अम्बे........

इंदु सिंह

ऊँचे पर्वत वाली माता
ऊँचा है दरबार
खाली हाथ न जाये कोई
जो भी आता द्वार
बोलो जय मां अम्बे ......

शत्रु नाशिनी माँ जगदम्बे
लीला अपरम्पार
पल में दुष्ट दलन कर देती
महिषासुर संहार
बोलो जय मां अम्बे .....

रक्तविन्दु मधुकैटभ मर्दन
शुम्भ निशुम्भ हलाल
कर त्रिशूल गल मुंडक माला
थर थर काँपे काल
बोलो जय माँ अम्बे........

कर मे खप्पर खडग विराजे
नयन नेह मदमात
भक्तों को रस सिक्त करे माँ
दया करे बरसात
बोलो जय मां अम्बे ......

- 69 -

...पंचचामर छन्द...

करो कृपा सुमंगला ....

करो कृपा सुमंगला
हरो हरेक कालिमा
हंसी खुशी बहार दो
बनी रहे सुलालिमा

विकार पाप नाशती
प्रचण्ड चण्ड घातिनी
अनन्त भक्त वत्सला
सुनीति हो सनातिनी

असीम अन्धकार में
तुम्ही प्रकाश पुंज हो
स्वरा तुम्ही स्वरंजनी
अनन्त शक्ति गूंज हो

संवार दो, विचार दो
सुगन्ध स्वच्छ प्यार दो
सुभाव भाव रंजिता
अशेष नेह हार दो

-70-

...सज के तुम शेर सवार चली...

सज के तुम शेर सवार चली
ललकी चुनरी लहराय रही
टिकुली झलके झुलनी लटके
अँख अंजन धार लगाय रही

लट घूंघर कार सँवार लिये
पग झांझर रंग महावर है
नथनी नकबेसर शोभ रही
मुखड़ा शुभ जोत उजागर है

हर पाप हरो अवधार करो
हम दीन दुखी सुख का वर दो
भव तारिणि संकट हारिणि माँ
अब द्वार खड़े अँचरा भर दो

दृग नेह भरो न विलम्ब करो
अवलम्ब तुम्ही जग पालक माँ
निशिवासर आस लगी तुझ पे
तुम तारक हो हम बालक माँ......

-71-

...अष्ट भुजाओं वाली...

जय माँ अम्बे जय जगदम्बे
अष्ट भुजाओं वाली
धूम्र विलोचन आँखें तेरी
मधुर मदिर मतवाली
मइया तेरी जय हो.......

महिमा तेरी जग में न्यारी
द्वार दया जब खोले
अंधक दृष्टि लंगड़ा चल दे
गूंगा पंचम बोले
मइया तेरी जय हो........

शत्रु विनाशक दुर्गे तेरा
वार न जाये खाली
शक्ति चंडी दया प्रचण्डा
नौ नौ रूपों वाली
मइया तेरी जय हो......

नेह भरे नयनों से करती
भक्तों की रखवाली
दिन कर देती रंगों वाली
रात सजे दीवाली
मइया तेरी जय हो.........

-72-

...रूपमाला छन्द में...

भोर उनसे जागती है......

भोर उनसे जागती है,...... और सजती रात
पद्म गन्धित उर सरोवर,.... राग रंजित गात

आ गई है रुत मिलन की,.. आ गया मधुमास
आम्र डाली कूक कोयल, अलि कली परिहास

झूमती हैं डालियाँ दे,......... मंजरी सौगात
हम चले जब राह में ले,..... हाथ थामे हाथ

हरित हैं तरु पात डाली,..... वल्लरी लहलोट
पुष्पशायक वाण तीखे,....... तीव्र करते चोट

ले लहर संगीत में है,....... सरित गाती गान
धीर प्रेमी बन अड़ा ह,..... शान्त बन चट्टान

चाँद का है छव निराला,.....चाँदनी नव गीत
रूप श्यामल रात का है,..सज गयी उर प्रीत

आज मिल के सुर सजा लें, एक हों मन प्राण
सेज सुन्दर है धरा की,....... नील चादर तान

रैन है अभिसार की ये,... नयन मदिरा घोल
प्यास बुझ जाये चिरंतन,.. ये घड़ी अनमोल

-73-

...रूपमाला छन्द में...

भोर सुन्दर..... .....

भोर सुन्दर है सुहावन, खिलखिलाती धूप
स्वर्ण आभूषित धरा का, खिल गया है रूप

कोटरों से निकस पंछी, उड़ चले आकाश
पंख में नव हर्ष गूँथे, जीत की है आस

हरित वसना गात पुलकित, किरण से उजियार
ज्योति छल छलकाय अम्बर, दे इला को प्यार

हर्ष में सम्पूर्ण संसृति, दर्द सारे भूल
रश्मि सब को है बराबर, फूल हो या शूल

पात किसलय नव उमंगित, पीत रक्तिम फूल
सरित कल कल धुन सुहावन, संग हर्षित कूल

प्रकृति का है देय अनुपम, ना बड़ा ना छोट
दान उसका एक जैसा, क्या खरा क्या खोट

-74-

...गीतिका छन्द...

हो कंवल खुशबू कली की.....

हो कंवल खुशबू कली की
गूंजना अलि हो कभी
सरित सम लहरें उफनती
तम घना छाया कभी

मलय चन्दन वन सुगन्धित
अनल विरहा रंग में
भाव उर के हैं सुरंजित
सरस रस रस अंग में

गगन सम तुम हो विहंगम
वृहत सागर सा गहन
कहीं विस्तृत शुभ धरा की
नाद हो सरसित पवन

गीत हो नव छन्द सुरमय
अधर सुष्मित गान हो
प्रणय पावन उर समेटे
प्रेम का रसखान हो ....

-75-

...सखा न तुझ बिन...

सखा न तुम बिन कुछ भी भाये
भोर न सुन्दर सांझ न रंजित
रैन बावरी नीन्द न आये
सखा न तुझ बिन कुछ भी भाये....

पवन सनन कांपे तन थर थर
झरे अश्रु निर्झर से झर झर
पल पल छिन छिन मन अकुलाये
सखा न तुझ बिन कुछ भी भाये......

कानन कुंज न पुष्प सुगन्धित
तितली मौन न अलि दल गूंजित
बल्लरियां लट लट बिखराये
सखा न तुझ बिन कुछ भी भाये......

रंगमहल रुत बहुत उदासी
ज्योति न देवै दीपक बाती
उर को कैसे धीर धराये
सखा न तुझ बिन कुछ भी भाये.......

-76-

...मनहर सुभग शीत ऋतु...

मनहर सिहिर शीत ऋतु आई
अरुण किरण झक मन मधुआई
छुप जाते रवि सांझ सकारे
सघन कुहासा रैन संवारे

चन्दा भी ज्यूं घन बदरा में
अंखड़ियाँ झुकती कजरा में
निशा प्रहर लम्बी सुखदाई
पिया मिलन की अवधि बढ़ाई

मह मह फैली चम्प सुगन्धा
प्राण हुलासित अति आनन्दा
पंखुड़ियों में अलि आगोशित
बल्लरियां तरु तन से पोषित

राग रंग क्षणदा रसभीनी
प्रीत चदरिया झीनी झीनी
प्रेम सोमरस भर भर प्याला
हिय मंजुल मुकुलित कर डाला.....

-77-

...वीरों का तप होत न खंडित...

रैन अन्हरिया सजग सुहेला
कहीं पे सैनिक खड़ा अकेला
तरुवर पात पुष्प हिम मंडित
वीरों का तप होत न खंडित.......

मातृभूमि पर तन मन वारा
स्वयंप्रभा से हिन्द संवारा
गगन नमन को नित झुक जाये
मलय बलायें ले कर जाये
केसरिया रंग मन अनुरंजित
वीरों का तप होत न खण्डित........

सागर पग चुम्बन को तरसे
घन कुहरा प्रेमी बन बरसे
धरा बसन्ती कण कण लाली
रक्त फाग शोले दीवाली
कोटि कोटि जीवन अभिनन्दित
वीरों का तप होत न खण्डित.........

वन्दन शुभ चन्दन अभिरामा
दमकत मुख चन्द्रित निशि श्यामा
उपवन मधुप करे मन रंजन
गर्वित हैं हिमशिखर विहंगम
मातृभूमि प्रतिपल आनन्दित
वीरों का तप होत न खण्डित..........

-78-

...रंगत खिली खिली...

रंगत खिली खिली
खुशबू घुली घुली
शब्द मुदित मधु मद
गन्धित कली कली

सरित धुन्ध की छाल
चन्द्र कलश रस डाल
प्रेम बावरी अवनी
हासित गली गलीः

शीत समीर चले
शाल दुशाल गले
डाल पात सिकुड़ी
संझा ढली ढली

नील नील अम्बर
हरे हरे तरुवर
तृण सोहित तुहि कण
लागे भली भली.......

-79-

...जाड़े की...भोर सुनहरी स्वर्णिम आभा...

भोर सुनहरी स्वर्णिम आभा
सारा जग है जागा जागा
हरे खेत खलिहान मनोरम
ग्वाल सखा गौ दुग्ध विदोहन

शैल छबीले मस्तक ऊंचा
सागर तल मणि रत्न उलीचा
मन आंगन में भाव बगीचा
प्रेम वारि नित नित है सींचा

धावत तन में हिरण कुलाचें
शुक मृदु बोल काव्य ज्यूं बाँचे
झर झर निर्झर शीतल सलिला
गंग यमुन काबेरी कमला

जड़ गहरा अति विटप विशाखा
धन्य भाग्य फल प्रीतक चाखा
शीत सुहावन लगत वसन्ती
कण कण रज है रस रसवन्ती

- 80 -

...पंचचामर छन्द, वीर रस में...

प्रहार वार झेलते.......

प्रहार वार झेलते,..... जवान वीर देश के
अरण्य वन्य प्रान्त में, रवानियां अशेष के
सशस्त्र सैन्य देश के, महान हैं जहान में
प्रकाश पुंज डालते, अतुल्यता विहान में

डरे नहीं रुके कभी..., डटे रहे झुके नहीं
अदम्य जोश साहसी, विरुद्ध में चुके नहीं
निवीड़ अन्धकार में,. प्रकोप में प्रहार में
जले हजार दीपिका, वसन्त की बहार में

सशक्त लाल भारती, भुजा भुजंग धारते
दसों दिशा प्रचण्ड हो, स्वदेश शीश वारते
धरा अनेक रंगिनी,... करे सदा सुगन्धिनी
विलुप्त शोक दुःख है, कटे समस्त बन्धनी

संवारते निखारते, जवान जान हिन्द के
वसुंधरा हरी भरी,.. अकूत शौर्य रिन्द के
निशीथ या प्रकाश हो, रहे दिवा कि रात सी
डटे रहे थके नहीं......... अदम्य शूर साहसी

कभी कहीं न हारते, पहाड़ हो कि घाटियां
धरा बने सुहागिनी,.. झुकाय शीश वादियां
जवान जंग जीतते, जमीन आसमां झुके
हवा करे सलामियां,... प्रवाह गंग के रुके

ध्वजा सदा विहंग में, लहालही उमंग में
प्रणम्य सैन्य शक्ति है,...लहू भरे तिरंग में
पहाड़ चूमते निशां, झरे झकास निर्झरी
दिवा अनूप रंग में,... हुलास में विभावरी

कमाल लाल भारती, अटूट धैर्य धारते
स्वराष्ट्र धर्म छोड़ के, न और ये विचारते
प्रणम्य धन्य धन्य हैं, सशक्त वीर साहसी
प्रदीप्त सूर्य रश्मियां, करे स्वयं हि आरती

जवान ही सहेजते,... अतीत वर्तमान को
भविष्य को संवारते, सशक्तता विहान को

सहस्त्र आँधियाँ चले,...प्रचण्डता अशेष हो
रुके कभी न काफिले, स्वदेश ही विशेष हो

कराल हो कि काल हो, सशक्त आत्म ढाल हो
सदा हि शेर चाल हो,... स्वराष्ट्र उच्च भाल हो

इला दुलारती तुझे,....... वसन्त के विहान में
विहंग लोरियाँ कहे,...... दिनेश के वितान में

अटूट हो अभेद्य हो,..... घनी घटा कि धूप में
प्रणाम है सलाम है,.....समग्र शक्ति रूप में...

..... जय हिन्द.....

-81-

...धन्य धन्य हे मातृभूमि!...

धन्य धन्य हे मातृभूमि है, कण कण पावन
चन्दन
हृदय निलय के देव स्वरूपा, नित नित है
अभिनन्दन

रुत रंगीली मलय रसीली, सुभग गंग की धारा
हरी भरी वसुधा इतराये, पग पग कानन
नन्दन

भुवन भास्कर प्रथम किरणें ले, ज्योति
कलश ढरकाये
चन्द्र प्रभा मधु रस भर भर के, निशि का
करता वन्दन

दखिन पवन वासन्ती बेला, लता वल्लरी
पुलकित
उपवन उपवन मधुप बावरे, फूलों का
आलिंगन

उत्तर में गिरिराज हिमालय, करता है
रखवाली,
दक्षिण में सागर की लहरें, माटी का
अवसंजन

वन जंगल की छटा निराली, मोर मोरनी
नाचे
रंग विरंगे पंख सजाये, पंछी उड़े विहंगम.....

-४२-

...मातृभूमि है प्यारी हमको...

मातृभूमि है प्यारी हमको
प्यारा हिन्दुस्तान
इसकी खातिर सदा समर्पित
तन मन धन औ प्राण

शश्य श्यामला वीर भूमि यह
जन गण मन का गान
रखवाली में सदा सजग हैं
सैनिक वीर जवान

तीन रंग का ध्वजा तिरंगा
आन बान ओ शान
इसके रेशों पर अंकित है
वीरों का बलिदान

त्याग तपस्या क्षमा प्रेम है
भारत का अभिमान
सुन्दर संस्कृति मैत्री भूषण
सकल शान्ति सम्मान

- ८३ -

...चन्दन कर लो माटी से...

कर लो चन्दन इस माटी से
कितने बलिदानी सो गये
फ़ना हुये हैं इस मिट्टी में
एक कहानी हो गये........

मंगल पाण्डेय ने स्वराज का
पहला बिगुल बजाया
प्रथम क्रान्ति की चिंगारी दी
ज्वाला जोश जगाया

लक्ष्मी बाई जोशो जुनूं
कण कण अभिमानी हो गये
फ़ना हुये हैं इस मिट्टी में
एक कहानी हो गये.......

राजगुरु सुखदेव भगत सिंह
फांसी पर हैं झूले
गुरु गोविंद सिंह की कुर्बानी
आज तलक नहि भूले

चन्द्रशेखर आजाद मुल्क की
एक रवानी हो गये
फ़ना हुये हैं इस मिट्टी में
एक कहानी हो गये.....

नेता सुभाष के नारे से
गली गली था गूंजा
देश वासियों खून दो अपना
*मैं आजादी दूंगा *

लौह पुरुष वल्लभ पटेल जी
अमर निशानी हो गये
फ़ना हुये हैं इस मिट्टी में
एक कहानी हो गये.....
जय हिन्द

- 84 -

...दोहे में... नैनन में प्रीतम बसै...

नैनन में प्रीतम बसै,... अंजन कितै लगाय
भाल सिंदुरी सज गये, कुन्तल घन लहराय

आने दो ऋतु राज को, साजन आयें साथ
उर पंकज मुस्कायगा,.... हाथों में ले हाथ

दिवस गये पथ देखते,..... रैन चैन नहि आय
रे मन कुछ धीरज धरो, रुत वसन्त जब आय

कंवल कली अठखेलियां, अलि दल गूंजित गान
अंग अंग रस माधुरी,.... प्रीत हिये कर पान

- 85 -

...पंचचामर में... बहार आपसे मिली...

बहार आपसे मिली, घटा हसीं रवानियां
हवा सुनाय शायरी, गुलाब में जवानियां

सरस बोल बोले..कुहुक कोकिला
न आये सजन कंज मन ना खिला

कली कली सुगन्ध है,.... हरी हरेक पत्तियां
उमंग में मिलिन्द हैं, अजीब शाख शोखियां

सघन प्रीत बदरी ...बरसती रही
ह्रदय कुंज कलियाँ तरसती रही

दरख़्त नीड़ से भरे,...कुहूकती सुकोयली
स्वयंवरा सुकोमला, चमेलियां भली भली

भ्रमर गीत गूंजित.. हुये सांवरे
विहग उर प्रतीक्षित बने बावरे

पुकारते तुझे सभी,....... निहारते घड़ी घड़ी
निशा निखार चन्द्रिका, सुचान्दनी भरी भरी

अनल ये विरह का तपिश दे रहा
तुम्हारे बिना कब कहीं कुछ रहा? ....

....
शक्ति छन्द में ......सरस बोल बोले.......

- 86 -

...छन्द कह मुकरी...

ज्ञानवान धनवान प्रभारी.........

ज्ञानवान धनवान प्रभारी
भक्त सशक्त दर्प हिय धारी
छन्द रचे मनभावन पावन
क्या सखि साजन..?
नहि सखि रावण..... (1)

गहन अँधेरी निशि वो जागा
सौतन से शायद मन लागा
प्यारा है पर बड़ा निठल्लू
क्या सखि साजन?
नहि सखि उल्लू ...... (2)

सुर सुन्दर तन ताना बाना
मन करता है गायें गाना
व्यर्थ है तेरंग हाला मीना
क्या सखि साजन?
नहि सखि वीणा..... (3)

ऋतु बसंत मन सुन्दर साजा
सुष्मित बोल सुहावन लागा
रंग सांवला कोमल कोमल
क्या सखि साजन?
नहि सखि कोयल...... (4)

सुने नहीं कित गान सुनाओ
टोक टोक के बोल बुलाओ
सचमुच लगता है वो पगला
क्या सखि साजन?
नहि सखि तबला....... (5)

सुभग रंग है, भालक चन्दाओ
सरस हरष तारों की गंगा
बहुत है उसमें मनहर बात
क्या सखि साजन?
नहीं सखि रात......... (6)

- ८७ -

...जगे न अन्तस रावण...

मन का आंगन सरस बरस नित
सावन सुभग सुहावन
रोम रोम हो सीता राधा
जगे न अन्तस रावण

मलय बसंती मधुर मधुर हो
मंजरि गन्ध सुगन्धा
कोयल कुहुके डाली डाली
बहे प्रेम की गंगा

कौशिक वाहन रमा अमृता
सर्वमंगलाकारी
चक्रपाणि प्रिय कमला विमला
सदा रहें सुखकारी

श्वेत अम्बरा वीणा पाणी
धुन तबला सारंगी
रात सुहावन मनभावन हो
चन्द्र प्रभा सतरंगी

- 88 -

...शिव ताण्डव रावण का बांचो...

रामा कृष्णा लम्बोदराय
शिव शम्भू मन बोल
शिव ताण्डव रावण के बांचो
बोल बड़े अनमोल

कौशिक वाहन, वीणा पाणी
तबला तिरकिट ढोल
नाचे जब नटराज दिगम्बर
धरती अम्बर डोल

तरु डालों पर कोयल कूके
मतवाले हैं भृंग
गर्वीले नग राज हिमालय
उन्मादित गिरि श्रृंग

सुभग यामिनी धीर सुहासित
श्यामल श्यामल गात
.महारास की बेला आयी
पूर्ण चन्द्र की रात......

- 89 -

...जय जय जय बजरंग महाबल...

जय जय जय बजरंग महाबल
पल में लंका धावन
भष्म किये सोने की नगरी
चकित भ्रमित है रावण

सीता उर झंकारे वीणा
प्रिय संदेशा आये
सुभग वाटिका श्यामा कोयल
रंजित राग सुनाये

ताल मराल जोड़ मनमोदित
धिक तबला सारंगी
आने वाले हैं रघुराई
सपन सजे सतरंगी

रात रात भर जागे कौशिक
निरखत मुख सिय प्यारी
हाय मिलन कब होगा सुन्दर
राम सिया सुकुमारी

- 90 -

...कभी रामा कभी रावण मन...

कभी रामा कभी रावण मन
शूर्पनखा कभि मीरा
कभी नाद तबला सम गूंजे
वीणा कभी मँजीरा

रात प्रहर चन्दा मनभाया
कभी सुखद अँधियारा
तारों की झिलमिल चादर में
स्याह रंग है प्यारा

कभी कुहुकती डाली कोयल
कभी बोल कागा की
कभी उलूक सम चुप साध है
बांध बधिक बाधा की

मन का कोई भेद न जाने
सीधा कभी त्रिभंगी
थकित क्लांत दिग्भ्रमित कभी है
कभी रंग में रंगी

- 91 -

...सकल सुभग मन रामा रामा...

सकल सुभग मन रामा रामा।
रावण बध शर किय बलवाना॥
लंका से सिय लाय बचाये।
विहग विटप अरु कोयल गाये॥

सजी अयोध्या नगरी आली।
बीती रात कुकाली काली॥
तबला ढोल मृदंग सुहावन।
झंकारे वीणा मनभावन॥

तोता मोर उलूक विराजे।
उपवन पुष्प सुगन्धित साजे॥
मधुप मधुर मुख धार परागा।
दशरथ नगरी कण कण जागा॥

मन सा कोई न दर्पण देखा।
पाप पुण्य सब सहज निरेखा॥
भागे चाहे जग से बन्दे।
मन में है सब जोखा लेखा॥

नेह का रिश्ता प्रेम का नाता।
विरवा सम बढ़ता ही जाता॥
राग सुभग लागा मन रंजित।
चन्दन गन्ध हिय सरसाता॥

काव्य मनोहर श्रुति सम लेखा।
शब्द मंजरित पद्म विशेषा॥
बोल सुहासित मन अभिरामा।
घन घनश्याम अलौकिक नामा॥

-९२-

...डाल डाल पर उल्लू शोभै...

डाल डाल पर उल्लू शोभै।
माली मन का रावण होवै॥
रात सुहानी कैसे आये।
तबला वीणा सरगम खोवै॥

कोयल वाणी भयी उदासी।
ऋतु बसन्त कब कैसे आये॥
मिटै जगत का त्रास प्यास जब।
धरा गगन तब ही हर्षाये॥

बुद्धि ज्ञान सब धर्म बिसारे।
जो घमंड सिर चढ़ कर ठारे॥
रावण की गति मति भरमाई।
सिया विहीन राम रघुराई॥

नहि बोले कोयल कमराई।
गूंज नहीं तबला शहनाई॥
सूनी कुटिया सूना आंगन।
हिरण उलूक न चहके खंजन॥

चुप चुप है हर वीणा वाणी।
कहां गयी जग की कल्याणी॥
रात अँधेरी चन्द्र न आये।
धरा गगन सब अश्रु बहाये॥

- 93 -

...रात चन्द्रमा झकमक...

रात चन्द्रमा झकमक धरती
कंवल कली मुस्काई
मन वीणा के तारों ने है
मधुर झनक झनकाई

दूर डाल पर कोयल बैठी
संग उलूका ताके
झलक चान्दनी झिलमिल झिलमिल
झुरमुट से चुप झांके

धक धक धक सांसों का तबला
झिंगुर की सारंगी
चारु मनोहर मधुमय बेला
मलय चले मनरंगी

ना मै चाहूं हीरे मोती
राह निहारूं साजन
नहीं चाहिये स्वर्ण कुरंगम
आ जायेगा रावण

- 94 -

...जगमग मन की जोत जला लें...

जगमग मन की जोत जला लें
प्रेम प्रीत हो पावन
झूठ कपट मद लोभ तिरोहित
नहि हो अन्तस रावण

नेह डाल पर कोयल बोले
तबला ढोल मृदंगा
शुभ वीणा झंकार तार हो
खिले सपन सतरंगा

रात सुहानी तके उलूका
चन्द्रित धरती अम्बर
ताल तलैया कंज कुमुदनी
रचित मराल स्वयंवर

आनेवाला नव प्रभात है
भुवन भाव आरम्भित
आक आगमन की बेला है
कलुष भेद प्रतिबन्धित......

- 95 -

...कह मुकरी प्रतिभागियों को सस्नेह समर्पित...

'इन्दु' धीर चंचल चित वाणी

'इन्दु' धीर चंचल चित वाणी
जय अम्बे जय वीणा पाणी

'दीपक मणि 'पूंजित दरबारा
गज़ल छन्द हर नग़मा प्यारा

'शाहे-गुल' सुर 'स्वर्ण सुगन्धा'
'उर्मिल' हर पल उर मकरन्दा

मुरलीमनोहर ..शुभ 'घनश्यामा'
'मधु', 'सुष्मिता' हर्ष अभिरामा

'मंजू' मंजुल ......सुभग सुहाई
पंथ 'अनन्त' ....सन्त सुखदाई

'शोभा 'नित...... 'कश्मीरा' ज्ञानी
'शंकर शरण'' .....महेश' वरदानी

'गंगा'' मनहर चारण' ....पावन
"विनय' 'विवेक' सुखद 'ब्रिजमोहन:

'कवि सुरेन्द्र 'कविता अनुरागी
'पलवत पलवत '..हैं बड़भागी.....

- 96 -

...दरबारा की शान रहे...

दीपक ज्योति जले अनन्त
मणि माणिक श्रृंगारित हो
मित्र मालिका सजी रहे
काव्यांगन काव्यांजित हो

सत्य प्रेम की रस धारा
शिव सुन्दर अवधारा हो
जय जय वीणा पाणी की
अम्बे शेर सवारा हो

रंजित हो शुभ अभिरंजित
गीत राग अभिगूंजित हो
दरबारा की शान रहे
कला कलश अभिनन्दित हो

बाजे बंशी मोहन की
राधा की पायलिया हो
सदा गणेशा मंगलमय
साजे सुर कोयलिया हो ......

- 97 -

...कैसे पायें हम वो प्यारे...?...

कैसे पायें हम वो प्यारे
बचपन के दिन रैना
गाँव सुखद प्यारी सी गलियां
ओढ़न और बिछौना ....

दोपहरी में तोड़े खाते
झाड़ी से घुरभंटी
मन्दिर जाते खूब बजाते
कूद कूद कर घंटी..............

छोटी सी वो ताल तलैया
कागज नाव चलाना
चढना बालू के ढेरों पर
बैठे सोन्ह बनाना.............

खलिहान मे धान का बोझा
खूब बनती गोहिया
जाने कैसे सुबह गुजरती
कैसे दिन दुपहरिया............

शाम ढले ड्योढ़ी पर घूरा
नित्य उगलता धूंआ
याद आते हैं नाना नानी
दरवाजे का कूँआ.........

नहीं था A.C. नहीं था कूलर
आँगन में थे सोते
चांद तारों संग हंसते गाते
सपनों में थे खोते..........

- 98 -

...काश कि कोई दे जाता वो...

काश कि कोई दे जाता वो
बचपन की बरसातें
चांद सितारों वाली चुनरी
घनन घटा की रातें

गुड़ियों का वो ब्याह रचाना
हाथी घोड़ पालकी
चले बराती सज धज बोले
जय कन्हैया लाल की

चोर सिपाही राजा रानी
खेलों की हैं यादें
अटकन मटकन दही चटाकन
झूठे सच्चे वादे

होली की वो कादो माटी
सावन का वो झूला
नाना संग साइकिल सैरें
गुब्बारा वो फूला

आज भी हँसते रो लेते
सोच सोच कर बचपन
हर पल दिल बच्चों जैसा है
पैंसठ हो या पचपन .....

- 99 -

...नकली तेल फुलेल से जो...

पुरुष

नकली तेल फुलेल से जो, लाता नहीं निखार
ह्रिष्ट पुष्ट बलवान भुजायें, पुरुष का है श्रृंगार

बेटा भाई पति पिता बन,... जीवन रूप संवारे
घर परिवार समाज देश का दृढ़ सम्बल आधार

खड़ा रहे तूफानों में भी,... अपना सीना ताने
होने न दे कभी किसी... अबला पे अत्याचार

मां का श्रवण संबल है,...वो भाई की है ताक़त
पत्नी की वो सारी दुनिया बहन का है अधिकार

बच्चों का रखवाला है,.परिवार का है स्तंभ
समाज का आधा अंग वो, देश का है रखवार

सख्त जिगर, मजबूत इरादे, मर्दों की निशानी
दोस्त पे जान लुटा देता दुश्मन के लिये तलवार

आग लगा दे पानी में, तूफानों में दीप जला दे
ईश्वर की अनमोल कृति शिव शम्भू का अवतार

कहीं हीर का रांझा है, सोहिनी का महिवाल
लैला का वो मजनूं है दशरथ मांझी सा प्यार

पुरुष बिना ये जग सूना है रहे अधूरी नार
इश्क मोहब्बत उससे जिन्दा दिल का वो दिलदार

बोलो शिव शम्भू की जय.........

- 100 -

...बालेपन की मस्ती...

कहाँ मिलेगी बालेपन की
पहले वाली मस्ती
छूट गयीं प्यारी सी गलियाँ
मिटी गाँव की हस्ती

कहाँ मिले तो ताल तलैया
कहाँ कागज की नाव
दिखे न उगता ढलता सूरज
मिट गये सारे भाव

गांवों के वो बाग बगीचे
घने कुंज अमराई
कहां मिले वो गिल्ली डंडा
पिपही की शहनाई

घास भरे मैदान कहाँ हैं
जहाँ कबड्डी खेलें
कहाँ मिले वो संगी साथी
छुक छुक बनती रेलें .....

- 101 -

...प्रेम गीत से अनुगूंजित है...

प्रेम गीत से अनुगूंजित हैं
धरा और आकाश
जल थल मोदित शोभित सुष्मित
सूरज चन्द्र प्रकाश ...

स्वर्णिम किरणें बन अनुरागी
पात पात मुख चूम
पल पल प्रखर प्रफुल्लित तापित
प्रेम डगरिया घूम

पुष्पित हैं हर फूल बाग के
मन्द मधुर मुस्कान
मलय पवन ने भेजी पाती
लिखे नेह के गान ......

झर झर बहते भाव निरन्तर
प्रिय मिलन की चाह
आ कर निर्झर नेह सरित दो
कल कल सलिल प्रवाह

विटप झूम कर इठलाते हैं
लता वल्लरी संग
पंखड़ियां छू छू कर अलि दल
इत उत ढारे रंग

कुदरत के कण कण में मुखरित
अभिनव प्रेम अशेष
आली नव श्रृंगार सजा दो
साजन आये देश ....

-102-

...शुभ अषाढ़ की...पहली बून्दें...

शुभ अषाढ़ की पहली बूंदें
वसुंधरा अभिरंजित
हरित नवल तरु विटप विलोकत
भ्रमर गीत अनुगूंजित

सूखी ताल तलैया जल भर
मगन खेत खलिहानें
हिय में उठे हिलोर कृषक के
चिड़ियां चली नहाने

झिहिर झिहिर जल है अंगनाई
किलक रहा है बचपन
मेघप्रिया वन नृत्य सुहावन
झूम रहा मन पचपन

ठन्ढी ठन्ढी पवन सुहानी
चले सुखद पुरवाई
अगन तपन शीतल शीतल है
अंग अंग हर्षाई

- 103 -

...कटु मधु...

सूर्य किरण की तपिश धरे वो
चन्दा की कोमलता
गहन विषम मधु कटु संसारित
धारे निज निर्मलता

सरल हृदय सुर सुन्दर कंठा
स्वर लहरी सतरंगी
सुन खो जाये स्वप्न जगत में
कंवल पंख ज्यूं भृंगी

अगन भरे हैं नयन कटोरे
प्रेम प्रीत की ज्वाला
एक बार पग धार दिया जो
बढ़ता जाये छाला

सागर से हैं भाव विहंगम
घन गर्जन सी वाणी
प्रबल प्रेम की अविरल धारा
सावन बून्द सुहानी

- 104 -

...बालेपन की मस्ती...

कहाँ मिलेगी बालेपन की
पहले वाली मस्ती
छूट गयीं प्यारी सी गलियाँ
मिटी गाँव की हस्ती

कहाँ मिले वो ताल तलैया
कहाँ कागज की नाव
दिखे न उगता ढलता सूरज
मिट गये सारे भाव

गांवों के वो बाग बगीचे
घने कुंज अमराई
कहां मिले वो गिल्ली डंडा
पिपही की शहनाई

घास भरे मैदान कहाँ हैं
जहाँ कबड्डी खेलें
कहाँ मिले वो संगी साथी
छुक छुक बनती रेलें .....

-105-

...विमर्श जरूरी होता है...

हो जाती जब धरती बंजर
बीज खोखला होता है
उगती नहि जब नयी कोंपलें
विमर्श जरूरी होता है

गगन मेघ से भर जाता जब
जलप्लावित धरा होती
दिखता नहि जब क्षितिज नजारा
विमर्श जरूरी होता है

अर्क प्रलय कर देते हैं जब
मंजरियां मुरझाती हैं
इन्द्रधनुष नहि उगे गगन तो
विमर्श जरूरी होता है

प्रबल शीत ठन्ढक से जब जब
सूर्य विलोपित होता है
जीवन जब भारी हो जाता
विमर्श जरूरी होता है

कुदरत भीषण कोपों से जब
दिखते दिन अरु सांझ नहीं
रातें समझ नही आये जब
विमर्श जरूरी होता है

बादल बैरी चांद छुपा ले
सागर रस्ता तकती है
इन्द्रबज्र का राज चले तो
विमर्श जरूरी होता है

नर जब अपना रूप छोड़ कर
महिषासुर बन जाता है
कैसा मिलन समागम क्या सब
नष्ट भ्रष्ट हो जाता तब
विमर्श जरूरी होता है.....

- 106 -

...छैल छबीला...

सावन का मौसम आया है
नभ में बदरा छाये
कौन देश पिया जाये बसे
सन्देशा नहि आये

चम चम चमके चपल चंचला
गरजे नभ घन कारे
स्याह रात नागिन सी डंसती
दादुर धुन मतवारे

नदी नाल उत्ताल तरंगित
धुली धुली है धरिणी
छम छम छुमकत नृत्य मयूरा
पवन सुखद मनहरनी

इन्द्रधनुष की छटा निराली
लगता रंग रसीला
एक रंग उर बसता मेरे
सुन्दर छैल छबीला

- 107 -

...श्याम पिया...

श्याम पिया रच दे नव चूनर
नेह भरी नौरंगी
पहनूं मैं इतराऊं धूमूं
हिय हो प्रीत उमंगी

रक्तिम नीली हरी सुनहरी
झिलमिल लगे किनारी
लहालोट हो प्रेम पियुष से
लह लह बूटेदारी

पुरवा से आंचल उड़ जाये
परिमल गन्ध सुगन्धित
नयन भरे अंजन कजरारे
ह्रदय हुलस प्रिय बन्धित

अटक मटक पनघट पर जाऊं
देख जले हैं सखियां
भूल गयी गगरी जल भरना
मादित लख मनबसिया

मैं गोरी तू श्याम सलोना
झलक छवि झलकइयां
श्याम गौर मिश्रित हो पूरित
सांवर हो गयी सइयां

- 108 -

...वृन्दावन के कृष्ण कन्हाई...

वृन्दावन के कृष्ण कन्हाई
दमकत रूप अनूप
श्याम घटा सम तन छवि लागे
ज्यूं बदरी में धूप...........

राधा संग सुहावत ऐसे
जैसे सांझ सकार
श्यामल आभा में हो जैसे
धवल चन्द्र उजियार ....

निरखत हिय हर्षत गोपियन के
यमुना लेत हिलोर
राधा की पायल जब जागे
सुध खोये चितचोर........

प्रीत अमिय कान्हा उर धारे
बंशी धुन मतवार
राधा के मन बसे मुरारी
प्रेम जगत का सार ....
.... बोलो जय जय राधे श्याम
बोलो राधे राधे श्याम..........

- 109 -

...हृदय निलय पावन पुनीत में...

हृदय निलय पावन पुनीत में, श्यामल छवि
तुम्हारी
नटवर नागर कृष्ण मुरारी, रखना सुधि
हमारी

भूल न जाना प्यार हमारा, पास रहे या दूरी
कंवल कुंज में छुपा के रखो, अपनी
राधा प्यारी

वृन्दावन के कण कण में हैं,..... यादें तेरी मेरी
किस विधि चैना पाते बोलो, चक्र सुदर्शन धारी

अरुणोदय की स्वर्णिम बेला, यमुना तट
मैं जाऊं
पूछ रही हैं कदम डालियाँ, कहां गये
गिरिधारी

जमुना जल दर्पण में झांका, तुम ही तुम
मुस्काये
सुध बुध सारी भूल गयी, देख नयन कजरारी

राधा के हैं श्याम सलोने,.... कृष्णा की
है राधा
अटल प्रेम है कृष्ण - राधिके, जाने दुनिया
सारी

बोलो जय जय कृष्ण मुरारी...
बोलो जय वृषभान दुलारी...

- 110 -

...सतरंगी सच अपनी माटी...

सतरंगी सच अपनी माटी
सारे रंग समाहित
नील गगन की चादर ताने
धरती हरित सुहागित

पीले पलास सरसों पीली
लाल ललित गुलमोहर
स्वर्णिम धानों की बाली पर
किरणें स्वर्ण मनोहर

रंग विरंगे फूल पात हैं
खग मृग विपिन निराले
ऊँचे पर्वत झर झर झरने
मस्त मगन मतवाले

मन्दिर की घन्टी टुन टुनकत
सुरमयी तान अजान
दोहे कविता गूंजे घर घर
तुलसी और रसखान ....

जय हिन्द.......

- 111 -

...अरुणोदय की लाली से...

अरुणोदय की लाली से प्रिय
तन मन श्रृंगार सजा देना
जीवन के नन्दन कानन में
गुलनार बहार बसा देना.....

दोपहरी आतप ताप तेज
निर्मल शीतल शुचि मरुत लहर
गन्धिल सांसों की सरगम से
सुर कोमल साज जगा देना

संझा की धुंधली चादर में
सुर्मई शाश्वत नव रंग भरे
झीनी झीनी स्याही गुम्फित
अधराधर हास दिखा देना

रैन गगन नभ चन्द्र सुहावन
रुचि रक्त महावर ले आना
प्रीत पाँव में पायलिया झन
रेखांकित शुभ रचवा देना

एक चन्द्र होगा नभ मण्डित
अवगुंठन दूजा अंक भरे
महण हार पिय मन अनुरागी
मेरी हर जीत बना देना.......

- 112 -

...प्रेम की जब बहती रसधारा...

प्रेम की जब बहती रसधार
क्या तटबन्ध किनारा
साथी साथ निभाये गर तो
क्यूँ कुछ और सहारा

प्रीत बेल अति कोमल कोमल
सूख जाय बिन सिंचन
फलती फुलती इठलाती है
अगर नहीं हो वंचन

हास बोल विश्वास सुहाये
ढाई स्वरा शुभांगी
झूठ कपट छल क्षुद्र न भाये
ललित कलित अर्धांगी

नव पल्लव किसलय से भरती
रूप छटा अवलोकित
नये नये रंगों से भरती
इन्द्रधनुष छव रूपित

प्रेम सुधामय सृष्टि सुहासित
कण कण राधेश्यामा
सच्चा प्रेम जहां मिल जाये
है वृन्दावन धामा

काशी जाओ मथुरा जाओ
या काबा कैलासा
अगर ह्रदय में प्रेम नहीं तो
होगी आस निराशा .....

- 113 -

...छन्दमनहरण घनाक्षरी...

हंसा धवल धवल

हंसा धवल धवल,
शुभ्र नवल नवल
नीर में किलोल करे,
मगन है प्रीत में

चन्द्र नभ गोल गोल,
कोकिल बोले है बोल
पात पात डोल रहे
मन रमा मीत में

खिले है कमल दल,
हास मृदु पल पल
चान्दनी पिघल रही
रैन सजे गीत मे

उर के झरोखे खोल,
देखी छवि है अमोल
प्रेम रस घोल रही
झिंगुरी संगीत में

-114-

...सुहावन लगत...

घनाक्षरी

हरे हरे पात संग
मुकुलित है मंजरि
कूकती वन कोकिला
सुहावन लगत

अंकित महावर है
पायल की रुनझुन
चूड़ियों की खन खन
रिझावन लगत

भर गये प्रेम रंग,
छलकत है गागरी
पुलकित है तन मन,
लुभावन लगत

मानसरोवर उर,
कुसुम कमलदल
महक रहे पुष्प प्रिय
आवन लगत

- 115 -

...कैसे जल विमल जो...

घनाक्षरी

कैसे जल विमल जो
मानवता अनल है
सत्य न्याय विकल है
जल कुम्भी छा रहा..

प्रदूषित हुआ जल
सूखते कमल दल
पंक कंज खिले नहीं
पल्लव मुरझा रहा

अब मुक्ता कहां मिले
हर ओर विष घुले
पाप ताप दाह रहे
हंसा अकुला रहा

मराल व्यग्र ढूंढते
जीवन से जूझ रहे
मानव से पूछ रहे
सत्य क्यूं मिटा रहा

- 116 -

...प्रेम की अगन लगी...

घनाक्षरी

प्रेम की अगन लगी
ताप तपन है भली
बाती बन कर जली
बिखरा प्रकाश है.....

सागर मन मोती है
दीपक नव ज्योति है
झिलमिल सी होती है
धरती आकाश है....

तन मन है डोलता
अनकही सी बोलता
प्रेम द्वार खोल रहा
मिलने की आस है....

खुशियां आगोश में है
भाव प्रवल जोश में
नहीं कोई होश में है
जीत का विश्वास है...

- 117 -

...सांझ ढली रात हुई...

घनाक्षरी

सांझ ढली रात हुई
सपने लगे जगने
नेह बरसने लगे
निरखे सुहासिनी

मेंहदी रची हाथों में
पांव महावर सजे
पायल झुनक बजी
विहंसे विलासिनी

अभी मुलाकात हुई
सोया चमन चमन
छुप गये तारे सभी
रात गाती रागिनी

बीत गई रैना अब
भोर किरण जागी है
चिड़ियों का शोर शुभ
कोटर निवासिनी......

- 118 -

...इधर सुभग...मधुमास...

इधर सुभग मधुमास सरस रस
उत भी सावन होगा
इस पार अगर सुन्दर सुन्दर
वो भी मनभावन होगा

तरु की झुकी डालियां कहती
शीश झुकाना फल भारित
अच्छा है कुछ ले जाने से
दे देना कुछ प्रिय धारित

चांद रात चुप चुप कहता है
मेरी भी सुन लेना कुछ
अनुपम ज्योति सृष्टि समंजित
नैनो में भर लेना कुछ

इस पार कूक कोयल की तो
उधर भी मोरनी होगी
इधर हृदय है हरा भरा तो
उधर भी खंजनी होगी

- 119 -

...मन भरमाती है...

छन्द विष्णुपद

सांझ सवेरे तेरी वंशी
मन भरमाती है
बेला नहीं कुबेला देखे
मुझे बुलाती है........

लोचन कंवल सुहासित अंजन
मद बरसाती है
चोरी झकझोरी बरजोरी
कसक जगाती है......

हर पल तेरी श्याम झलक झल
छव मदमाती है
कटि करधन पग स्वर्ण झुनझुनी
चैन चुराती है.....

यमुना तट कदम्ब वट छइयां
पवन सुहाती है
कल कल जल हहराये छल छल
मन हर्षाती है.....

- १२० -

...छन्द सवैया मत्तगयंद...

मादक प्रीत बड़ा मनभावन....

मादक प्रीत बड़ा मनभावन
हे प्रिय आन मिलो यहि राती

अंग लगे उर कंज खिले तब
चन्द्र प्रकाश हिमाद्दत भाती

प्रीतक दीप जलाय रही अब
चूकत स्नेह बुझायत बाती

घूंघट के पट खोल दिओ सुनु
मंजुल भाव अनन्त दिखाती

चैन नहीं अब बीतत रैनन
राह विलोकत नींद न आती

आनन देख जिया भरमायल
रंजित लोचन लाज लजाती

आग लगी तन ताप बढ़ायल
शीतल वारि फुहार सिहाती

आज मिलन रितु कोकिल कूजत
सांसक मंजरि गन्ध सुहाती

-121-

...इक दीपक प्रेम जलाओ प्रिय...

दुर्मिल सवैया

इक दीपक प्रेम जलाओ प्रिये नव गीत गढ़े अलि गुंजन हो
उर आँगन में उजियार भरो कुसुमादित सुन्दर प्रांगण में

मुख देख मुकुन्द मयंक लखो दुख भारि वियोग अँधेरि लखे
मन कुंज हर्ष अभिसार अहो मिलना सजना क्षिति रंग भरे

सुख मन्द समीर प्रवाहित हो सुख सार बढ़े शुभ साज सजे
हिय मादित प्रीत समंजन में नव कल्प कली हर अंग चढ़े

-122-

...* शत शत नमन शहीदों को *...

कलम तू जय जयकार कर........
देश पे जान लुटाई जिसने
काटी खुद तन्हाई जिसने
दीवाली हमको देने को
सीने पे गोली खाई जिसने
आज उनका सत्कार कर
कलम तू जय जयकार कर.........

घर छोड़ा अर्धांगिनी छोड़ी
अपने दिल के टुकड़े छोड़े
मिट्टी के कण कण में उनके
ख्वाब पड़े हैं बिखरे बिखरे
तहज़ीबो अदब से आज तू
सपनों को साकार कर
कलम तू जय जयकार कर.......

मातृभूमि की खातिर जिसने
मां का आंचल खुद छोड़ दिया
खून की होली खेली और
राखी से नाता तोड़ लिया
आन बान के हर्फों से तू
पुनः पावन श्रृंगार कर
कलम तू जय जयकार कर.........

हम घर में बैठे रहते हैं
वो घूम रहे हिम खण्डों में
मातृभूमि पर जान गंवा कर
लिपटे वो तिरंगे झन्डों में
बड़े नाज़ो - अन्दाज़ से तू
इबादत सौ सौ बार कर
कलम तू जय जयकार कर........

- 123 -

...शहीदों को पहले सलाम लिखेंगे...

गीत लिखें हम,. क़लाम लिखेंगे
शहीदों को पहले सलाम लिखेंगे

आरती करें,... प्रभु वन्दन करेंगे
शहीदों की माटी से चन्दन करेंगे

रंग भरे........... अनुरंजित करेंगे
जय जय के नारों को गुंजित करेंगे

उजाला रहेगा,...... अँधेरा न होगा
वलिदानों का रौशन ..सवेरा रहेगा

मान कहें,....... अभिमान कहेंगे
वीरों को भारत... की शान कहेंगे

श्रद्धा सुमन उनको अर्पण हैं करते
भावों की माला, समर्पण हम करते ....

- 124 -

...कहाँ है ऐसी सूरज किरणें...

कहाँ सुनहरी सूरज किरणें
कहाँ है ऐसा चन्द्र
कहाँ पे ऐसी मंजुल मंजरि
कहाँ पीले मकरन्द

घने घने जंगल वन उपवन
हरित धरा हरियाली
चीड़ चिनार केसरी क्यारी
कीचड़ कंजित लाली

ऊँचे ऊँचे शैल शिखर हैं
हिम मंडित है चोटी
उदधि पाँव पखारे नित्य नित
मोती धारित सीपी

रंगारंग रसों से रंजित
होली है मतवाली
ईद और गुरुवाणी गुंजित
झिलमिल है दीवाली.......

- 125 -

...जय जय कन्हाई......

जय जय कन्हाई, ओ गोकुल विहारी
मेरी भी सुन लो........हे मोहन मुरारी

आना है आओ.... ......बधाई बधाई
धरती की राधा ने ......आंखें बिछाई

कलियुग की कारा से हमको निकालो
नीरव है गोकुल, ...आ बंशी बजा लो

दूध दधी खत्म हैं, ...माखन अलोपा
मटकी है खाली, ...तके गोप गोपा

शोर है बहुत जोर ,.... बढ़ा भ्रष्टाचार
आ के तो देखो,.... कैसा है अनाचार

पापी हैं मौज में,..... कपटी की चांदी
साधु सत सज्जन की,.. होती बर्बादी

आओ धरा, ... तान सुन्दर सुना दो
सत्य ज्ञान त्याग तप. मधुरस लुटा दो

प्रेम प्यार लुप्त,... विश्वास नष्ट भ्रष्ट है
सीधा और सच्चा, हर पल ही त्रस्त है

आ जाओ सांवरे,..... जरूरत है तेरी
बहुत हो चुका,..... करो न अब देरी

- 126 -

...ये मेरा खयाल है...

ये मेरा ख़याल है
दिल में मलाल है
बढ़ीं शहर की रौनकें
... गांव क्यूँ बेहाल है....?

खेत है खलिहान है
कच्चे फूस मकान हैं
वहां भी तो इन्सान है
... क्यूं वो फटेहाल हैं...?

बसते वहां किसान हैं
धरती के भगवान हैं
शिक्षा न सड़कें वहां औ
... निर्धनता बहाल है....?

बाग हैं बगीचे हैं
अमरूद अनार हैं
गोरियां गुलाल हैं
... ताल क्यूँ बेताल है......?

- 127 -

...गाँव की गलियाँ...

सब कुछ बदल गया पर अब तक
पागल दिल बदला नहीं
नजरों में गाँवों की गलियाँ
दूजा सपना पला नहीं........

वो खुला व्योम वो हरित धरा
खेतों में बूँट मटर फलियाँ
तोड़ के लाना छील के खाना
मन से कभी निकला नहीं........

आम की घनी घन अमराई
वो घने घने पीपल बरगद
वो हरे टिकोरे खट मीठे
स्वाद कहीं भी मिला नहीं.......

वो पीले लाल मीठे अमरुद
घर के ही पिछवाड़े में
फ्रीज के ठन्ढे लाल सेव से
अपना जी बहला नहीं.........

वो भीषण गर्मी की रातें
अंगना खटिया पे सो जाना
वो ओस का मोती बदन से
आज तलक फिसला नहीं.......

वो सुबह का सूरज लाल लाल
शाम की रंगत सुर्मई
है आज तलक वो जाग रहा
सोलह पैंसठ में ढला नहीं........

- 128 -

...ग्रामीण परिवेश...

हरी भरी वसुंधरा
प्रभाकर उदीप्त हैं
अमिय है भरा भरा
गाँव से ही देश है.....

धान गेहूँ लह लह
बालियां चमक रही
आम्र पेड़ मंजरियां
सभी तो अशेष हैं.....

झूम रहीं डाल डाल
पंछियों के घोसलें हैं
पल्लवों की तालियां तो
शोभित विशेष है.....

किसान गान मगन
स्वप्न कुछ सजा रहे
जल पियुष माँगते
नहीं राग द्वेष है.........
ये ग्रामीण परिवेश है.....

- 129 -

...वो माटी ग्रामीण सुगन्ध...

वो माटी ग्रामिण सुगन्ध
घन पीपल की छांव
बसी हुई है इन आंखों में
तिक् तिक् की वो दांव
कोयल की वो मीठी बोली
मुंडेर पे कागा कांव
कौन आज आने वाला
माई के हुलसे पांव
आज भी मन में रहती है
कागज की वो नाव
जब भी यादें तड़पातीं है
सोच लेते वो गाँव
वो गलियां वो चौबारा
हल बैल और हरवाहा
सच बहुत याद आते
वो गाय गाय चरवाहा
दोपहरी में छुप छुप
गुलशन नन्दा को पढ़ना
मिट्टी को सान सान के
कच्चे दीपक का गढ़ना
बारिश बहुत होती तो
'कनिया' गाड़ें आँगन
भींजे 'कनिया 'तो आते
झख मार सूर्य फिर प्रांगण
वो साम चकेवा चुँगला
वो मार पीट वो बदला
पल भर में हमजोली
थी बिन मौसम ही होली
सावन के सुन्दर झूले
वो ताल तलैया कूलें
कूँये से पानी भरना
आज तलक नहि भूले.........
महंगे महंगे सूटों से भी
मन की कली नहीं खिलती
नाना लाते कपड़े दुकान से
मामी हाथों से सिलती
भरी दोपहर बैठे रहते
कब मामी खाली होगी
कपड़े काट कर फ्रॉक सिलें
खूब चून्नट वाली होगी
पहन के घूमें इतरायें ज्यूं
मिल गया कोई ख़जाना
कहां से लायें लौटा कर वो
गुजरा हुआ जमाना...

- 130 -

...आगे आगे देखिये...

आदी हो गये AC के जो
खुली हवा कब भायेगी
कभी लगेगी तपिश बहुत तो
कभी ठन्ढ लग जायेगी

धरा के उड़ते धूल कणों से
Infection हो जायेगा
टाइल्स छोड़ मिट्टी से क्या
connection अब हो पायेगा?

फिल्टर का जो पानी पीते
कूँआ कैसे भायेगा?
ड्राइंग रुम है सजा हुआ
चौबाड़ा क्या ललचायेगा?

स्प्रे की है महक निराली
गया जमाना इत्रों का
फेसबुक फ्रेंड से फुर्सत नहीं
क्या गंवई मित्रों का?

चार पहिये की नयी सवारी
धंसेगी गांव की कीचड़ में
आगे आगे देखिये
क्या होता है future में......

- 131 -

...नैन बावरे विहंस पड़े तो...

नैन बावरे विहंस पड़े तो
अन्तर्मन उजियारा
सूनी हो जो दो आंखें तो
जग लागे अँधियारा

पलकें अलस उठी तो मन के
भाव द्वार खुल जाते
लाख छुपाना चाहो लेकिन
नैना सब कह जाते

सुख में छलके दुख में बरसे
प्रेम विवश मदमाती
नयन बाण जो चल जाये तो
आर पार हो जाती

बचे न कोई इसका मारा,
ना जीता ना मरता
जीवन भर वो घायल प्रेमी
ठन्ढी आहें भरता ......

- 132 -

...गागर कमर धरी...

घनाक्षरी

गागर कमर धरी
निहारती घड़ी घड़ी
प्रेम रस भरी भरी
प्रीत की है मानिनी

गुलाब मुख रंगत
पलक भृंग पंगत
गात रक्त रंजित है
फाग राग रागिनी

वलक्ष रंग चूनर
है झूल रहा झूमर
सुवर्ण हार दू लड़
रूप की है स्वामिनी

पंक कंज खिले खिले
थिति अधर हासित
अनिल लट बिखेरे
रूप घटा दामिनी

पग झनके पैंजनी
सुवर्ण हस्त कंकणी
मुद्रिका मणि माणिक
नार अभिमानिनी

चाल ललित मोरनी
मन मधुप चोरनी
इठलाती धनरस
बीच खड़ी हंसिनी

नैना अंजन की धार
देखत लगे कटार
आर पार वार करे
कोमल सुहासिनी

सघन पात पल्लवी
शोभती मंगल लड़ी
झूम रहीं वल्लरियाँ
प्रीत अनुगामिनी.....

- 133 -

...तरुवर खेचर नदी सरोवर......

सुन्दरता

तरुवर खेचर नदी सरोवर
जीवन के नव गीत
कुदरत के कण कण में देखो
उमड़ रहा संगीत

सागर की लहरें उठ गिर कर
रचते नित नित छन्द
आती जाती शोर मचा
लहरें चलती निर्द्वन्द

ऊँचे ऊँचे शैल शिखर पर
हिम हरियाली श्वेत
सांझ रवि रस रंग पीत नभ
असित रक्त समवेत

कोकिल मैना मोर उलूका
गझिन विपिन आनन्द
धरती अम्बर नेह सुवासित
अद्भुत चन्द्र पतंग

फूल फूल कुसुमित हो कर
भर देते नयी उमंग
गुन गुन कर भंवरे गाते हैं
हिय ले प्रणय तरंग

नर नारी के ह्रदय धरा में
बहे प्रेम सुर गंग
प्रीत भाव मनमीत बसे है
सुरभित मन मकरन्द.......

-134-

...सूने जीवन को रंग मिला...

सूने जीवन को रंग मिला
अनुराग प्रणय मधुगन्ध मिला
लय ताल तान शुभ साज मधुर
मद अमिय हलाहल संग मिला

आशा को नयी तरंग मिली
विश्वास को नया उमंग मिला
मन झूम उठा बिन आसव के
हर्षित इक पुंज पतंग मिला

जन्मों की प्यास बुझाने को
झर झरित प्रवाहिनि गंग मिली
ईश्वर से अब हम क्या माँगे
जब हर मौसम नौरंग मिला

मधुकर तुम मंजरि मादित हो
सुरभित सुन्दर मकरन्द मिला
श्यामल रंगत निशि शून्य तले
आनन्द प्रफुल्लित चन्द्र मिला

कुछ ग़ज़ल मिली नव छन्द मिला
प्यारा सा इक अनुबन्ध मिला
पत्तों पर नाच रही तितली
फूलों पर गाता भृंग मिला

मन के मृदु कानन कुंजन में
मुकुलित सा प्रेम अनंग मिला
नव भाव मिला हर रंगों में
विस्तारित प्रीत प्रसंग मिला .....

-135-

...शिवा - शर्व अद्भुत अनुरागा...चौपाई...

शिवा शर्व अद्भुत अनुरागा
डामरु डिम डिम नाल मृदंगा
जोग भोग दोऊ सम साधा
सर्प विभूषित भस्मित अंगा
शिव सा प्रेमी नहीं जगत में
नीलकंठ विषधारी शंकर
शिवा समान नहीं बड़भागा
हर हर देव लखित अर्धंगा

सुन्दर गौर सुकोमल धारा
शीश चन्द्र जट गंगा धारा
गौरी रूप अनन्त अपारा
भाल धरे दृग तेज निहारा
शिव जोगी शमशान विहारक
बाघम्बर तन वस्त्र सुशोभित
अनुपम छटा देख हिय हारा
सकल विश्व के एक अधारा........

- 136 -

...नयना द्वय मधुशाला है...

कुकुभ छन्द

नयना द्वय मधुशाला हैं मद
हाला है सुरभोग भरी
थोड़ी सी जो पी ली तो
मन मस्त हुआ मतवाला री

तन मन को घायल कर जाता
तीर निशाने वाला वो
वापस जाना मुश्किल कोई
आ जाये दिल वाला जो

रक्त ललित अरुणाई रवि सम
भरी भरी है तरुणाई
चंचल यौवन मस्त घटा घन
प्रीत की है अंगड़ाई

मदहोशी है होश कहां अब
भाये नैना मतवारे
रैन दिवस निर्मल नैनों की
नैना ये पंथ निहारे........

- 137 -

...रसवंत वसन्त सुखन्त भला...

छन्द दुर्मिल सवैया.......

रसवंत वसन्त सुखन्त भला
शुचि प्रेम सुधा कलसी ढरकी
पट घूंघट पीत सजे मुखड़ा
लख साजन को सरकी सरकी

जब कोयल कूक रही वन में
तरु पल्लव पुष्प सुगन्ध भरे
भँवरा धुन कानन कुंज महा
तितली मनमोहक नृत्य करे

कब डोल गया मन बैरन ये
इक रंग अनंग तरंग भरी
कुछ होश नहीं मदहोश मना
तन रंजित रास उमंग करी

अवसंजन रंजन की रुत है
नयना सुख स्वप्न चिरन्तन में
पलकें झुक मोदित मान लसै
मन मंजरियां अवगुंठन में .....

- 138 -

...मन की भाषा में...

जग की सुन्दरता को देखा
माता की ममता को देखा
पिता मौन स्नेहा मृदु सिंचित
भोगी जोगी रमता लेखा
लिखा सुभग मन भाषा में........

राग रंग का मधुवन देखा
अद्भुत प्रेम समंजन देखा
झड़ झड़ पत्ते पतझड़ निष्ठुर
बूंद बरसती सावन रेखा
धरा मिलन की आशा मे..........

जंगल देखा उपवन देखा
मृदुल डाल तरु कानन देखा
सुभग पुष्प पर भंवरे डोले
कली विहँसता आनन परखा
सभी प्रेम परिभाषा में............

ताल तलैया सागर देखा
नेह कनक घट गागर देखा
अपने बने पराये देखे
नफरत मैली चादर धोखा
सुख सम्बल अभिलाषा में ....

- 139 -

...दूर तक झरझार झहरित...

छन्द गीतिका

दूर तक झरझार झहरित
सृष्टि अद्भुत सज्जिता
बरस भादों हुलस कहता
मन भरो रस सरसिता

ताल सरि हैं नीर प्लावित
मोरनी अनुराग में
झहर बून्दें शोर करती
नयन विरहा जाग में

आगमन प्रिय पाहुना की
मन अनंगित रास में
तन विभोरित नृत्य मग्ना
अधर कुसुमित हास में

ले पवन पुरवा झकोरा
घूंघटा सरका रही
अंजुरी भर भर घटायें
प्रेम रस बरसा रही

पेड़ पादप वन मुकुन्दित
भ्रमर दल अनुनाद में
राह तकती पथ निरेखूं
मरुत शुभ सम्बाद में

हे पयोधर पंथ दे दो
आ रहे प्रिय साजना
झूम कर तुम फिर बरसना
जब धरें पग आंगना

-140-

...सीता की है जन्मभूमि...

सीता की है जन्मभूमि यह
कर्मभूमि घनश्याम की
महाभारत का धर्मयुद्ध
मर्यादा राजा राम की

शीश मुकुट गिरिराज हिमालय
रखवाली में खड़ा हुआ
पांव पखारे गंगा यमुना
चन्दन केसर अड़ा हुआ

हरित सुनहरी धरती इसकी
नील स्वच्छ आकाश है
मिट्टी के कण कण में इसके
बलिदानी आभास है

वीर वेश है लक्ष्मी बाई
प्रेम रंजिता राधा है
कृष्ण दिवानी मीरा पूजित
उर्मिल त्याग अगाधा है

वीर जवानों का क्या कहना
सौ सौ पर इक भारी है
बलिदानी बाना रण विजयी
विश्व चकित बलिहारी है

ध्वजा तिरंगा शान निराली
गगन विहंगम लहराये
केसरिया जब रंग चढ़े
अरि दल की सांसें रुक जाये

- 141 -

...जन गण मन की भारत माता...

जन गण मन की भारत माता
तीन रंग तन चूनर
हरा रंग है हरित धरा की
लता वृक्ष है झूमर

केसरिया बल भरने वाला
पांव उदधि जल धारा
प्रथम सूर्य किरणें आलिंगन
जगमग जग उजियारा

सभ्यता की पहली लहर थी
भारत में लहराई
तक्षशिला का ज्ञान मनोहर
श्वेत रंग सच्चाई

ललित कलित मन्दिर मस्जिद हैं
गिरिजाघर गुरुद्वारा
चक्र सुदर्शन गिरिधारी का
राधा रूप अपारा...........

- 142 -

...ये हिन्दुस्तानी माटी है...

ये हिन्दुस्तानी माटी है
सुरभित चन्दन का क्या करना
झुक कर के एहतराम करो
किसी और का वन्दन क्या करना?

फ़िज़ां में इसकी रंगत जो
नौरंग गुलाल भी फीके हैं
महकी महकी मदमस्त हवा
किसी और जमाल का क्या करना?

नदियां हैं इसकी मधुमादक
मयकश शराब है मयखाना
उत्तुंग पहाड़ें लाजवाब
किसी और शबाब का क्या करना?

रंगारंगी है भाषायें
मन्दिर मस्जिद हैं सजे धजे
गुरुद्वारे चर्च सुशोभित हैं
किसी और शाहिद का क्या करना?

सतरंगी चूनर धरती की
अम्बर में रवि की लाली है
घनघोर घटा अलबेली है
किसी छटा नव छवि का क्या करना?

जंगल वन घने विशाल वृक्ष
विचरित पशु पक्षी मगन मगन
पावन हैं रीति रिवाज वेश
किसी और अक्षी का क्या करना ......?

- 143 -

...क्षितिज रंग......

देखा मैने तपता सूरज
देखी वो अरुणाई
शाम धुँधलके में देखा है
क्षितिज रंग ललछांई

रात हुई कुछ बात हुई फिर
चांद निकल कर आया
देखा चन्दा के यौवन में
अलस अंग भरमाया

रात रानी की गन्ध सुहानी
ले कर तेरी यादें
पुरवइया से भेजा तुमको
कसमें, कुसुमित वादे

बस तुमको ही देखा करती
तरु की तुम तरुणाई
भंवरों के गुंजन में तुम हो
पलकों की करछांई

- 144 -

...मन कविता......

रंगत है चम्पई असित कुछ
सांझ ढले तन्हाई
थमी थमी सी हवा चली है
सपनों की अँगड़ाई

तारों की बारात सुहानी
रक्त कँवल की खुशबू
दूर कहीं झिंगुर के नग्मे
जलते बुझते जुगनू

पलकें क्यूं हैं झुकी झुकी सी
आँचल ढलके ढलके
कब आये वो रात सुहानी
नयनों से मद छलके

दो बांहों के घेरे में सुर
प्रीत प्रवाहित सरिता
मुग्ध प्राण सम्मोहित लय स्वर
गूँज रही मन कविता ..

- 145 -

...साहित्य सुरा......

साहित्य सुरा जब चढ़ती है
मन वृन्दावन हो जाता
कण कण सुरभित मधुमास जगे
कस्तूरी गन्ध लुटाता

खिल जाते हैं कँवल पंक दल
पल्लव कुसुमित मंजरियाँ
भँवरे गाते हैं बागों में
सदके करती नभ परियां

आकाश चन्द्र उग आता है
बिछती चांदी की लड़ियां
चुन चुन कर मोतीन तुहिन कण
हार पहनतीं वल्लरियां

आत्मविभोरित भाव भावना
गीतों में ढल जाती है
धरती अम्बर सकल सृष्टि तब
कवि उर में पल जाती है

सदा रहे हर्षित मन पुलकित
दुख का हो सामान नहीं
मगन रहें साहित्य गीत में
शान रहे अभिमान नहीं

...उषा किरण लाली चूनर तन......

उषा किरण लाली चूनर तन
धरित धरा पर आयी
हरित वसन धारित धरिणी खुश
करती है अगुआई

विहंस दिये सब पात पात तरु
डाल झुकी शर्मीली
किसलय उर आनन्दित मुखरित
झमक झार अलबेली

फूलों की पंखड़ियाँ खुलती
विहगों की अंखड़ियाँ
वन में हिरण कुलाँचे भरते
तितली सुन्दर परियाँ

जाग हुआ मधु राग रागिनी
रज कण में मुस्कानें
कन्धे पर हल बैल सजाये
कृषक सुनाये तानें

- 147 -

...उर सागर में कांकड़ पाहन...

उर सागर में कांकड़ पाहन
सीप भरे हैं मोती
हर कोई चुन लेता जिसकी
भावना जैसी होती

मन गागर छल छल छलकाये
भाव पयोधि भरे हैं
अनमोल रत्न माणिक मोती
अन्तसतलित धरे हैं

बान्ध सका नहि बांध सकेगा
है बिलकुल स्वछन्द ये
जिधर चाहता उड़ जाता है
डोर बिना पतंग ये

कहीं नीर कहिं दाना लेता
कहीं करता विश्राम
जहाँ रमा ये पागल पंछी
वहीं है चारों धाम

नही देखता ऊंचा नीचा
जाति धरम तरुणाई
जहां मिली शीतल छाया जो
ली वहीं अंगड़ाई......

- 148 -

...मस्ती अभी बाकी है...

राम नाम जपते जपते
हनुमान हुये हैं मस्त
राधा राधा एक रटन में
श्याम भी हैं मदमस्त
दम मस्त मस्त दम मस्त......

रुद्र माल बाघम्बर धारी
भंग तरंग में मस्त
गौरी मस्त डमरु ढूंढ़न में
लड्डू गणपति मस्त
दम मस्त मस्त दम मस्त ......

वीणा सुर झंकार करे शुभ
पुस्तक धारे हस्त
नवल छन्द नव ताल मगन
हैं कमल आसनी मस्त
दम मस्त मस्त दम मस्त.......

क्षीर समन्दर विष्णु शैय्या
लक्ष्मी जी मन मस्त
जय जय जय जगदम्ब भवानी
असुर विनाशिनी मस्त
दम मस्त मस्त दम मस्त........

कृष्ण विरह में राधा रोये
कान्हा रुक्मिण मस्त
विष पी कर है हुयी दिवानी
मीरा रानी मस्त
दम मस्त मस्त दम मस्त.......

कभी हरण कभी निष्कासन
सीता मइया त्रस्त
सिया विहीना राम अकले
नगर अयोध्या मस्त
दम मस्त मस्त दम मस्त......

पद्मासना पांव दबाती
भगवन विष्णु हैं मस्त
कैलाशपति घरबार नहीं
शिवप्रिया मन मस्त
दम मस्त मस्त दम मस्त.....

उर्मिल महल विरह में काटे
लखन योगी मन मस्त
पांच पति की एक सुहागन
धर्मयुद्ध में मस्त
दम मस्त मस्त दम मस्त......

चौसर खेला पत्नी हारी
पांडव अस्त और व्यस्त
पति पत्नी अंधे हो कर भी
राज चलाये मस्त
दम मस्त मस्त दम मस्त.........

सबसे मस्त बाल गोपाला
माखन दे दो मस्त
मोदक खायें खुश हो जायें
बाल गणेशा मस्त
दम मस्त मस्त दम मस्त........

- 149 -

...एक ख़ुदा है एक राम हैं...

बन्दगी.......

एक ईश हैं एक ख़ुदा है
एक राम और श्याम
किसी जगह पर किसी रूप में
मिल जाते घनश्याम

एक ही मूरत एक ही सूरत
अलग अलग हैं नाम
मतलब तो है सिर्फ बन्दगी
कृष्ण कहो या राम

एक जगत का ही श्रष्टा है
प्रकृति है उसका नाम
चाहे किसी रूप में पूजो
मिलते सुबहो-शाम

मातु वहीं हैं वही पिता हैं
सखा बन्धु गुरु काम
चाहे जैसे उन्हें पुकारो
हाजिर हैं हनुमान.......

-150-

...मिलन सृजन आधार अनोखा...लावणी छन्द...

मिलन सृजन आधार अनोखा
लेकिन हैं बन्दिशें सदा
नियमबद्धता अगर नहीं तो
बन जाती है एक सजा

प्रणय बन्ध अति पावन है
मादक मधुर सुहावन है
दोनों इसके बिना अधूरे
रुचिर चारु मनभावन है

प्रकृति पुरुष का मिलन हमेशा
सुन्दरतम सुखदायी है
समावेशित गर विकृतियां तो
होती ये हरजाई है

प्रेम शगुन करते आये हैं
धरती चाँद सितारे ये
इसी रंग में उन्मादित हैं
नदिया पवन घटायें ये

नारी पुरुष आधारित सृष्टि
प्रीतम में भगवान बसे
शुचिता से निभ गर जाये तो
जीवन निर्मल सुभग सजे

नीर बिना सूखी जब वसुधा
उमड़े बादल छाये तब
बेचैन वारिधर व्याकुल हो
अचला मिलने आये तब

पवन सुहानी नव नव पल्लव
करती हैं रंगरेलियां
घूंघट सरक सरक जाती है
तरुवर डाली नवेलियां

तटिनी कल कल इठलाती नित
चलती मिलने सागर को
विहंस उठी रूठी विभावरी
देखे वो जब हिमकर को

प्रेम स्नेह मिलना जीवन है
कुदरत इससे पुरनम है
इसके बिना अधूरे हैं सब
यही गीत का सरगम है.....

- 151 -

...पीताभ छटा धरिणी सज्जित...

पीताभ छटा, धरिणी सज्जित
गोरी पीत चुनरिया में
रंग मनोहर मुकुल मुकुन्दित
कुसुम वसन्त नगरिया में.......

गझिन लत्तिका पीताम्बर में
घूंघट से है झांक रही
अम्बर से रस बरसे, वसुधा
भर भर रखे गगरिया में......

पीत रंग में रंजित शोभित
केसर सरसों फुलगेंदा
पीले परिमल रंग बिखेरे
उपवन और डगरिया में.....

मैं भी हो गयी पीली पीली
शगुन रंग रसवन्त हुआ
तन मन सरसित सुभग वसन्ती
खो गयी मैं सांवरिया में.......

- 152 -

...वृषभान सुता पहिरे पियरी...

वृषभान सुता पहिरे पियरी
झनकावत झांझर पैर धरे
कटि माटी गागर शोभ रही
छलकावत नीर अधीर बहे

लिपटी तन से चुनरी झिहरी
नव चन्द्र छटा झलकाय रही
धुन तान मधुर कान्हा मुरली
मृदु मन्द मन्द मुसुकाय रही

इठलात चले पग धरिणी धरत
दुइ खंजन नयन घुमावत है
लचकत कटि अनुपम चलत फिरत
तरु यौवन को शरमावत है

मेरी राधे नव किसलय सी
क्यूं इतना भार उठाय हुये
कंकड़ मारी फोड़ी गागर
राधा समझी कि सताय गये

ललित कलित सौन्दर्य विभूषित
वसुंधरा इठलाय रही है
पीत हरी चूनर लहरा कर
राग वसन्ती गाय रही है

पीली सरसों फूली फूली
मुकुलित मन हर्षाय रही है
पीताम्बर परिधान पहन कर
मंगल नृत्य दिखाय रही है

इंदु सिंह

वासन्ती है शोभा न्यारी
सुभग रंग मन भाय रहे हैं
प्रीत शगुन मन मीत पुकारे
श्यामल दौड़े आय रहे हैं

नव नव किसलय से भरे भरे
हर्षित तरुवर की डाल डाल
कोयल कूकों गूंजित उपवन
तालों में केलित हैं मराल

पुष्प छटा अद्भुत मनभावन
श्वेत लाल रानी पीले हैं
मनोहारी ये रंग विलोकित
मधुकर मुखड़े खिले खिले हैं

मोदित मन सुरभित कर जाये
मंजरि मुकुल सुहावन लागा
प्रेम रंग प्रिय पीत परागित
कण कण में हैं कान्हा राधा ....

- 153 -

...मानव ही मानवता दुश्मन......

मानव ही मानवता दुश्मन
प्रकृति घायल करते
काट रहे वन वृक्ष सुहाने
विपदा से नहि डरते

रोतीं हैं तृण पात लतायें
विहग वृन्द नहीं वास
जीवों को नहि प्राण वायु है
मिले नहि कुसुम सुवास

सुन्दरता सब नष्ट भ्रष्ट है
कमनीयता अलोपित
भृंग दलों का गुन गुन गाना
तितली नृत्य तिरोहित ..

पौध लगायें हरियाली हो
प्राण वायु नित सरसे
सृष्टि का वरदान मनुज पर
प्रेम पयोदित बरसे..........

- 154 -

...आर - पार...

बे औक़ात बालों का भी
औक़ात बढ़ा देते हैं हम
शान्ति शान्ति की नीति में
आतंकी उपजा लेते हम
राजनीति के चक्कर में हम
एक नहीं हो पाते हैं
अच्छी नीतियां भी विरोधी
बुरा बता कर जाते हैं
यही हाल रहा तो भारत
फिर होगा परतन्त्र
शान्ति शान्ति का बस केवल
जपते रहें हम मन्त्र
अरे! देश के गद्दारों को
सीधा पकड़ के लाओ

बीच चौराहे बांध के बस
दन दन गोली चलवाओ
देश अखंड बनाने का
एक नीति निर्माण करो
छोड़ राजनीति जाति धर्म को
सब उसका सम्मान करो
देश के सारे कानूनों को
लागू करो हर जन गण पर
गद्दारों को सीधा रख दो
दो धारी शमशीरों पर
समय आ गया अब तो कर दो
सीधा सीधा वार
मर जाओ या मार गिराओ
करो आर या पार..........

- 155 -

...प्रेम सकोरा...

प्रेम सकोरा ना माटी का
टूट टूट जो बिखरे
ये तो है वो स्वर्ण कलश जो
नित नवीन हो निखरे

भावों की नक्काशी इस पर
हीरे मोती टंकित
विश्वासों की फुलकारी है
प्रीत रेख है अंकित ....

एक घूँट रस पान करो तो
गांठें खुलतीं मन की
हो जाता है तृप्त तृषित मन
सुभग सुगन्ध सुमन की

रुचिर मनोहर ललित कलित है
सुन्दर सपन सलोना
जी चाहे दिन रैन सांझ नित
प्रिय रस हृदय भिँगोना..........

- 156 -

...सूखती तुलसी ह्रदय की...

सूखती तुलसी ह्रदय की
उग रहे हैं शूल से
चुभन कोमल मन विछिन्नित
बिन्ध पंखुड़ फूल के

जहर फैली है हवा में
बेल विष हरिया रहे
राह में हैं खंड पाहन
किस तरह सज्जन चलें
आग है चहुं ओर तापित
दीप भी शापित बनी
तुहिण बून्दें हैं विलोपित
चादरी कुहरा तनी

प्रेम श्रद्धा लुप्त सारे
नफरतों की आँधियाँ
तुम बताओ क्या करें हम
आग में हैं वस्तियां...........

- 157 -

...चन्दन सी सुगन्ध है...

छन्द कृष्णा घनाक्षरी.....

चन्दन सी सुगन्ध है
कण कण में उमंग
यमुना गंग तरंगें
सत्य न्याय सुर तान.....
......
ये है मेरा हिन्दुस्तान.....

ऋषि मुनि की धरती
नित श्रृंगारें करती
फल फूलों से सजती
है शांति शक्ति सम्मान.....
......
ये है मेरा हिन्दुस्तान........

पर्वत ऊंचे ऊंचे हैं
नदियाँ वसुधा सींचे
सागर पाँव के नीचे
हवा करे गुणगान.......
.....
ये है मेरा हिन्दुस्तान.....

सतरंगी है चूनर
है राजस्थानी झूमर
सजे बिहारी हूनर
तिरंगा इसकी शान.........
....
ये है मेरा हिन्दुस्तान.........

- 158 -

...माता तुझे सलाम......

मंगल रूप सुहासित छवि हो
माता तुम्हें सलाम
नित नव नव श्रृंगार करे तू
जन गण मन अरमान
है माता तुझे सलाम......

हरा रंग लहँगा लहराये
श्वेत रंग है ज्ञान
सीमा पर है पहरेदारी
केसरी नौजवान
है माता तुझे सलाम.........

तेरी ऐसी ललनायें जो
तुझ पे वारें जान
लाल तुम्हारे बहुतेरे हैं
नित उठ करें प्रणाम
है माता तुझे सलाम...........

शीश मुकुट हिमगिरी सुशोभित
सागर है अभिमान
आंचल में है गंगा यमुना
तिरंगा जय निशान
है माता तुझे सलाम.........

बोलो वन्दे मातरम्.....

- 159 -

...खड़ा हिमालय रोता...

झूठ कपट और भ्रष्टाचार से
मां का आंचल मैला है
बिखरे बिखरे शहर गांव हैं
अनाचार भी फैला है

हिम पिघला रहें है गिरी अब
नयनन आँसू बहते हैं
प्रकृति कोप है नित्य दिखाती
जीवन सहमे रहते हैं

माता का श्रृंगार नोचते
सघन वृक्षों को काट कर
अतिवृष्टि कभी अनावृष्टि है
नदियाँ पोखरें पाट कर

गंगा का पानी मैला है
खड़ा हिमालय रोता है
तीव्र क्रोध में जब आता है
भू उर डगमग होता है

- 160 -

...कवि हृदय कलसी...

कवि हृदय कलसी छल छलके
भाव शब्द रस गन्ध
गढ़ते जायें नित नित नूतन
ग़ज़ल गीत शुभ छन्द

बैसाख जेठ सावन भादो
रुत आये नौरंग
जीवन को जीते रहते हैं
झरने झरित तरंग

जीवन की भूलभुलैया में
हर पल ले आनन्द
बढ़ते जाते है आगे ही
मन में लिये उमंग

कल्पनाओं के पंख ले कर
उड़ते नील विहंग
इत उत डोलें मौज मना लें
डोरी बिना पतंग.....

- 161 -

...गीत गुनगुना रहे...

कृष्णा घनाक्षरी

खिलते हैं पुष्प कुंज
भृंग दल मिलते हैं
मलय मन्द मन्द हो
गीत गुनगुना रहे....

सरित ताल शोर है
नदिया हिलोर करे
उड़ानों की होड़ जोर
साज नये बज रहे.......

बांटे अनिल पराग
गाते हैं विहग राग
आंख आँख हुई जाग
ख्वाब सब जगा रहे.....

झूमें विटप डालियां
हरित पात तालियां
कली पुहुप लालियां
उपवन सजा रहे......

- 162 -

...मन में उमंग भरे...

कृष्णा घनाक्षरी

मन में उमंग भरे
इन्द्रधनु भाव अंग
नेह रस गंग लिये
साँझ शुभ ढल रही......

आ गयी निशा गहन
तेरी तपन छुअन
हुआ मधुमास तन
प्रेम बाती जल रही.....

मंजुल मदगन्ध है
ग़ज़ल गीत छन्द है
सांसें मकरन्द मधु
चाहत है पल रही.......

छवि नव चन्द्रित है
कंज रक्त रंजित है
अनंग मन आनन्द
रैन हो विकल रही......

- 163 -

...अन्तर्मन से देख परखिये... ताटक छन्द...

अन्तर्मन से देख परखिये,...
सुन्दर मनहर भावों को
सूरदास सम प्रेम देखिये
श्रृंगारित रसधारों को.....

मृदु कोमल सब रूप भरे हैं
जगत सृष्टि के प्रांगण में
तन मन शीतल हो जाता है
वसुंधरा के आंगन में......

नदिया कल कल बहती जाती
हहरित लय नहि रुकती है
अपनी धुन में मस्त मगन यह
लहरें उठती गिरती है......

ऊंचे पर्वत पेड़ सुखद हैं
जीव जन्तु संजीवन हैं
केसर चन्दन पीपल बरगद
प्राण वायु आजीवन हैं ......

प्रातः रक्तिम स्वर्णिम किरणें
चूमे धरिणी सुष्मित मुख
विहग विहंगम विचरण अभिनव
गगन उड़ानें लेते सुख

कली कली प्रस्फुटित सुहाती
नवल रूप यौवन ले कर
निशा आगमन के पहले रवि
आनन्दित किरणें दे कर.......

- 164 -

...प्रेम नगरिया में ही सुन्दर...

प्रेम नगरिया में ही सुन्दर
मन्दिर मस्जिद प्यारा
जीवन का अनमोल खजाना
सूरज चांद सितारा......

नदिया की निर्मल धारा सम
लहर लहर लहराये
कभी विहग पंखों वाला बन
अम्बर में उड़ जाये......

कभी किशन की बंशी बन कर
मधुरिम गीत सुनाता
कभी राधिका पायल छन छन
की झनकार बजाता......

मन वृन्दावन कुंज गली में
लगता श्याम समाना
प्रबल प्रेम का मर्म न समझे
बिलकुल वो अनजाना........

झूमा करते धरती अम्बर
सावन की फुहार में
नदिया सौ सौ बल खाती है
रह निरन्तर धार में

ऊंचे ये पर्वत बर्फीले
बन प्रहरी खड़े हुये
वसुंधरा की रक्षा में चित
ध्यान मगन अड़े हुये

झरनों के झर झर में गूंजित
प्रकृति की सुर तान है
काकफली की कुंजन में नव
सुभग मनहर गान है

मन मयूर नाचे है छम छम
झिंगुरी झनकार पे
हवा सुगन्धित हो जाती है
सृष्टि के अभिसार से.......

- 165 -

...रंग रसीला रूप सजीला...

छन्द कहमुकरी

रंग रसीला रूप सजीला
साथ न छूटे, बड़ा हठीला
पल में क्या से क्या कर डाला
क्या सखि साजन...?
नहिं सखि ...हाला....

मोती चून सून बिन इसके
इसके बिन व्यर्थ जिन्दगानी
कहती आई दादी नानी
क्या सखि साजन...?
नहिं सखि ....पानी......

तन है सख्त काम रोबीला
देखन में बड़ छैल छबीला
सबकी रक्षा करने वाला
क्या सखि साजन..?
नहिं सखि ...ताला......

रुआबदार श्वेत सुखदायी
देशी छवि है रूप सुहाई
अब तो इसकी पूछ न होती
क्या सखि साजन....?
नहीं सखि ....धोती.....

- 166 -

...साथ तेरा मिला तो जहां सा मिला...

छन्द सवैया गंगोदक.........

साथ तेरा मिला तो, जहां सा मिला
जिन्दगी से न कोई, रहा है ग़िला

आप आये ख़िजां को बहारां मिली
फूल यूं ही गुलिस्तां, नहीं है खिला

जो न आते न होती मुलाकात तो
बन्दगी का न होता कभी ये सिला

भोर के हो सदा, रात की रागिनी
शाम को रंग है, आप ही से मिला

जुस्तजू आपकी, आपकी आरजू
आप मेरी वफा का न यूं दें सिला

मैं न जानूं किसे,आप मानें सही
प्यार की राह मेरा .निशाना चला

आप आओ नहीं, आपकी है रज़ा
आप ही हैं नवी, आप ही फैसला

यूं बताते हुये......... रैन बीते कई
हुस्न है आशिकाना तुझे जो मिला

शाम आयी सुहानी... चलो चैन से
भूल जाते गिला, चान्दनी है खिली

आप आये बहारें .....गुलाबी समां
रंग लाली ललाई....... रचाने लगी

साज झंकार है....गीत गाती हवा
भाल टीका सजीला सजाने लगी

रात की रागिनी है ..सुधा घोलती
झाड़ियां झूम झांकी दिखाने लगी

- 167 -

...राहें प्रियवर की तकूं...

कुण्डलिया......

राहें प्रियवर की तकूं, अइहें साजन आज |
सोचत मन अकुलात है, आवत मोहे लाज ||

आवत मोहे लाज, हिये अन्तस छवि देखा |
झुकी पलक हि लजाय, भँतर सम अंजन
रेखा.||

अबहु न आये कन्त, सूर्य अस्त लगी चाहें |
बैरन होवै नींद, कब तक देखुं प्रिय राहें ||
******, *

श्यामा घट घनघोर है, पुरबइया पुरजोर |
नाचत वन में मोर है, निरखत चान्द चकोर ||

निरखत चान्द चकोर, हुये कान्हा मतवारे |
सकल विश्व अवधार, प्रिय छव देखि
हिय हारे||

राधा बजे पायल, झूमे गोकुला धामा |
बरस गये छवि देख, घट घनघोर नभ
श्यामा ||

*****

जग का खेला देखिये, यहां न अपना कोय
जैसा पौध लगाइये,.... वैसा ही फल होय

वैसा ही फल होय, देख कर चलना सीखो
दुख को रखो छिपाय, रोओ मत न ही चीखो

स्वारथ का है खेल, सभी का कर्म सहज सा
धरें आपना धर्म,....... छोड़ें देखना जग का

- 168 -

...जिन नैनन में प्रेम बसै...

दोहे

जिन नयन में प्रेम बसे, दूजा नहीं समाय
जागत है ताही जगे,.. सोवै वा सो जाय

नहीं विलोचन नीन्द है, जो सुख हो अधिकाय
लोचन रैना जागते, जो दुख कहा न जाय

मध्यम मारग है भला, चैन बहुत ही आय
क्या करना अतिरेक से, नींदहि जो उड़ जाय

घट कंचन बेकार है,..नींद नहीं जो चैन
रूखा सूखा खाय के, ..सो लो मूँदे नैन

सुन्दर गीत कवित सभी, मेरे मन को भाय,
चित्रलिखित मनहर बयन, मन हर्षित
कर जाय

लहालही यौवन कली, नैनन बीच खुमार
ईश ख़ुदा सबही झुके,.. नारी रूप अपार

- 169 -

...छन्द गंगोदक सवैया...

.... प्रकृति संग नायिका

आप आये लबों पे ....

आप आये लबों पे हंसी आ गयी
पुष्प लाली,निराली रचाने लगी

रात की रागिनी.. है सजी रंग में
झाड़ियां झूम झूले. झुलाने लगी

पौध डालें लचीली लता गुल्म में
रत्नगर्भा सुहासा .लजाने लगी

चान्द झांके झिरी से, प्रभा भेजता
माथ बिन्दी ललाई,..लुभाने लगी

पात उन्माद में .. गीत गाती हवा
भाल सूनी इला की सजाने लगी

कोकिला जागती, रातरानी सजी
नीन्द नैना निगोड़ी.. झुकाने लगी

पांव जागे रहे,..... नृत्य होते रहे
यामिनी साज झंकार आने लगी

छांव देते पलों में....कई जन्म के
आइये चांदनी,.... रैन सोने लगी...

- 170 -

...गंगोदक सवैया में...

पीत रंगों सजी है धरा.......

पीत रंगों सजी है... धरा साँवरी
अंग सरसों कली मुस्कुराने लगी

साज झंकार है..... झूमती है लता
अंशुमाली चले .... स्वर्णभूषा भली

सांझ स्याही लिये, आ गयी बावरी
दे रही है सदा ....रात आने लगी

चान्द आया छटा शुभ्र सज्जा सजे
देख सारी खुदाई... ..लजाने लगी

रात की रागिनी है...... सुहानी घड़ी
मन्द मोहा सुगन्धा..... हवा आ रही

पेड़ पौधे खुशी ... डालियां डोलती
पात की है खता शोखियों से भरी

वो न आये न आयी खबर कोइ भी
साथ मेरे निशा भी .. थकी जा रही

है सुनाती नदी नाद.... धारा चली
सीपियाँ सिन्धु का है... पता दे रहीं.....

- 171 -

...क्या करें आज बीते जमाने...

गंगोदक सवैया वीर रस में........

क्या करें आज बीते जमाने जिसे
याद लाते हुये...... मुस्कुराते रहे

शेर जैसे जवां मर्द...... पैदा हुये
खून दे दे धरा को..... सजाते रहे

आज क्यूं हो रहा है अँधेरा यहां
कौन सा बीन बाजा बजाते रहे

क्यूं न हुंकार वो, क्यूं न टंकार है
कौन सा राग गाते... सुनाते रहे

वक्त आता रहा.. वक्त जाता रहा
स्वर्ग कश्मीर क्यूं यूं जलाते रहे

आर पारा करें या.. मरें फ़क्र से
हाथ क्यूं बांध, सेना गंवाते रहे

शान से हैं जियें, शान से ही मरें
ताकतें गीदड़ों की.. मिटाते रहें

जान कुर्बान होवे न कोई ग़मीं
राष्ट्र का तीनरंगा... सजाते रहे

जान लाखों गयीं, आन पे देश के
भूल सारे गये...... वो जमाने सभी

भोर की आरती है कहीं खो गयी
रात की कालिमा क्यूं डराने लगी

आज खामोश क्यूं हुक्मरां हो रहे
शान की लालिमा क्यूं तिराने लगी

आततायी बढ़े...... क्यूं न ढाहे गये
जुल्म-ओ-जाल की बाढ़ आने लगी.......

-172-

...जय हिन्द का नारा गूंजित...

जय हिन्द का नारा गूंजित,हाथों में तिरंगा थामा
मन वीर रंग में रंजित, पहने है बसंती जामा

रणभूमिन में जब गरजे, हुंकार केसरिया रंग
हो जायें फ़ना अब अरि दल, विजय करें हर जंग

आये खूँ में रवानी, याद आये वही कहानी
हमने शमशीर उठाई, दुश्मन की खतम निशानी

वो भगत सिंह का खौफ,अश्फ़ाक की वतनपरस्ती
सुखदेव राजगुरु और, राणा प्रताप की हस्ती

गुरु गोबिंद का त्याग, वो वीर शिवा की ताकत
सुभाषचंद्र के बोल,... मंगल पांडे की जुर्रत

लक्ष्मी बाई रणचण्डी, जयघोष ध्वनित अम्बर तक
जौहर जलती पद्मिनियां, ज्वाला की धाह है अबतक

जय हिन्द

- 173 -

...विजय पताका...

विजय पताका तीन रंग का
लहर लहर लहराये
अभिनन्दन है वन्दन इसका
केसरिया रुत भाये

श्वेत रंग सच्चाई का है
हरा धरित हरियाली
चक्र कहे कि कदम रुके नहीं
बनी रहे खुशियाली

मातृभूमि का अभिनन्दन है
वीरों का है वन्दन
नित्य दुआ ईश्वर से करते
मिट जाये हर क्रन्दन

फूल फूल से भरे धरा यह
ख़ार सभी चुक जाये
राजनीति भारत की सुन्दर
स्वच्छ सुखद हो जाये

सभी छलावें बन्द करें अब
जन गण मन हो नारा
जय जय जय हे भारत माता
जय हिन्दुस्तान हमारा.......

- 174 -

...ऊँचे ऊँचे पर्वत सुन्दर...

ऊँचे ऊँचे पर्वत सुन्दर
सूर्य अर्चि की लाली
प्रकृति भर भर कर दे रही है
अमिय रसों की प्याली

तटिनी की कल कल धारा है
इठलाती बलखाती
नील कपोल तन शुभ विभूषित
श्याम झलक झलकाती

पीत छटा मन हर्षित करती
शगुन धवल तन लागा
तलक कालिमा ऐसे जैसे
अंखियन अंजन जागा

मंजरियों के गुच्छ सुवासित
रंग लाल लहकाये
प्रीत सुगन्धित उछ्वासित है
प्रेम अनल दहकाये

सजे हुये उपवन फूलों से
पत्तों की तरुणाई
स्वर्णिम पंखें तितली सुन्दर
भृंग गूंज ले आयी

व्योम विहंसता भानु प्रभा ले
वसुंधरा हरिआयी
झूम रहीं हैं तरु की डालें
मरुत मन्द सरसायी

उदधि जोर शोरिल मद मादित
उठती गिरती लहरें
नदियों पर सौ लगे हुये हैं
कूल किनारे पहरे

मन की आशायें प्रमुदित हैं
ऐसे में वो आयें
सुरमयी रात चन्द्र किरण शुभ
सपनों में खो जायें......

-175-

...प्यार इसी को कहते हैं...

धरती तपती बादल बरसे
प्यार इसी को कहते हैं
फूलों संग कांटो का रहना
यार इसी को कहते हैं

पुहुपों पर भंवरे गाते शुभ
गान इसी को कहते हैं
पुष्प नित्य मकरन्द लुटाते
दान इसी को कहते हैं

पर्वत की गोदी में झरनें
लाड़ इसी को कहते हैं
वन उपवन सिंचित करती रस
धार इसी को कहते हैं

तरु पंथी को आश्रय दे
उपकार इसी को कहते हैं
पंछी मधुरिम तान गान
साकार इसी को कहते हैं

हवा चले मस्ती दे जाये
हर्ष इसी को कहते हैं
सूरज चन्दा नित सुखदा
उत्कर्ष इसी को कहते हैं

पादप देते आक्सीजन
आभार इसी को कहते हैं
मानव इनको काट डाले
अंगार इसी को कहते हैं.....?

- 176 -

...प्रेम प्रेममय जगत है......

दोहे.........

प्रेम प्रेममय जगत है,.. प्रेम बड़ा अनमोल
बिना दाम मिल जात है,प्रेमहि से लो तोल

प्रेम हि ईश प्रेम ख़ुदा, प्रेम जगत आधार
प्रेम बिना सब सून है,.. व्यर्थ लगे संसार

वृन्दावन पावन गली, जहां राधिका श्याम
श्याम हृदय में राधिका, राधा उर में श्याम

पता नहीं संसार में, कब हो प्रीत सुगन्ध
मारा-काटी बन्द हो, उड़े. मधुर मकरन्द

कोई बोये पाप तो, फसल न काटो आप
जैसी जो करनी करै, वैसा ही फल चाख

भला भला ही कीजिये, आपन भल भी होय
हिय विश्वास थाम चलो,.. ईश करे सो होय

झूठ कपट छल छुद्र में, ये मानव भरमाय
समझे वो ये क्यों नहीं, साथ न कुछ
भी जाय

प्रेम प्यार की गाठरी, सारा जगत समाय
बांध लो जो बांध सको, यही साथ में जाय

सब कुछ डूबत जात है, नदिया भ्रष्टाचार
भूल गये आचार ही, कैसे आय विचार

भूल गये छोटा बड़ा,.... आदर नेह गंवाय
सूख गया जब मूल ही, पात नहीं हरिआय

-177-

...तन ललित कलित...

....छन्द जनहरण घनाक्षरी...

तन ललित कलित
पुहुपित सुरभित
कुसुमित पल्लवित
कटि धर गगरी

मदमत्त मद गंध
लगे मंजुल सुगन्ध
मन भरत उमंग
लहकत चुनरी

हिय उठत तरंग
उर धर नव रंग
हुलसत अंग अंग
चमकत मुनरी

रुत चढ़त बसंत
जिय उड़त विहंग
चल चलत गयंद
निरखत नगरी

नद जल लहरत
तट पग फिसलत
नव पट ढलकत
लचकत शफरी

प्रिय कंत संग संग
चितवत मुख कंज
चित चढ़त अनंग
सुन स्वर लहरी

बिहुंसत मन्द मन्द
अब अबत सजन
बरसत मकरन्द
मह मह सगरी

सुख कुछ पल चन्द
गढ़ नव नव छन्द
सब लगत मलंग
रवि द्युति बिखरी......

इंदु सिंह

झक झक झलकत
मुख चन्द्र विहंसत
नभ अरुण हंसत
तन पट पियरी

फुल फुल्लित कुसुम
शिलिमुख गुन गुन
तितलियां नव धुन
खग मृग बहरी

मन मगन मगन
सब चमन चमन
चल मलय सनन
घन लट बिखरी

उर उर हुलसत
तरुवर फहरत
नभ विहग उड़त
खुश खुश सगरी..........

- 178 -

...कोमल काया मन्दाकिनी सी...

कोमल काया मंदाकिनी सी
कुन्तल श्याम सुहाये
नैनन में अंजन की रेखा
रूप सुधा भरमाये

अटक मटक जब चली सरक को
चूनर तन लहराये
देख गगन मन भी तरसे है
वसुंधरा हर्षाये

लहर लहर जल लेत बलैया
पग पायल झनकाये
मन्दार की किरण लाल रंग
गात लाल रच जाये

कायनात जब हुयी गुलाबी
मन वीणा झंकारे
फूल पात रंगीन शराबी
नैन हुये कजरारे

गौर पगों में झांझर झनके
नीर भरे गागरिया
चंचल चितवत इत उत निरखत
कहाँ छुपे सांवरिया

नदियों की धारा रुक जाये
चंचल पवन झकोरे
धरती से विस्तृत अम्बर तक
भर गये भाव सकोरे

हस्त कंकणा खन खन बोले
हंसली हार लुभाये
धन्य धन्य वो सृजनहार जो
अनुपम रूप बनाये

- 179 -

...दो दिनों की जिन्दगी में...

छन्द गीतिका....

दो दिनों की जिन्दगी में
काम कुछ कर लीजिये
प्यार दें कर प्यार ले लें
झोलियां भर लीजिये अ

आस लें विश्वास ले लें
राह पर बढ़ते चलें
नित नये सपने समेटे
चाह कुछ गढ़ते चलें

भूल जायें नफरतों को
प्रेम की गंगा बहे
अवगुणों से दूर हम हों
मन सदा चंगा रहे

कर्मयोगी हम बनें तो
मनुज का कल्याण हो
जब चले हम उस जहां को
साथ कुछ सामान हो.........

- 180 -

...झिलमिल हीर जड़े...

छन्द विष्णुपद.....

प्रीत भरित मन स्वर्णिम सुन्दर
झिलमिल हीर जड़े
माणिक मोती आँचल भर के
नित मनुहार करे

सावन भादो रितु वसंत रुचि
मादक मदहि पिये
शीत ग्रीष्म चलती पुरवाई
उर आनन्द दिये

जीवन की पथरीली राहें
कंटकहीन करे
मधुर मधुर रस नयन कटोरे
अंग अनंग भरे

पंछी सुर सुमधुर स्वर लय जस
कूजत वनहि फिरे
हास विलास सकल उल्लासित
नूतन शगुन धरे...........

- 181 -

...पवन मादकता लिये है... छन्द गीतिका...

पवन मादकता लिये है
गगन हिय गम्भीर
रंग रंजित प्रीत रस में
रत्नगर्भा धीर

चन्द्रमा बांटे कला आ
अंशुमाली लालियां
उच्च नग विस्तार विस्तृत
सिन्धु की गहराइया

बन्ध आनन्दित सकल हैं
फुल्लिता मन भावना
साधना पुंजित समाधित
सफल है आराधना

रैन आलिंगन दिवस का
सांझ सुर्मई वीथिका
प्रेम पावन सृष्टि लेखित
लिपट तरुवर लत्तिका

बरसती है पियुष धारा
शुभ मिलन की रात है
झिंगुरी शहनाइयां शुभ
चांदनी बारात है

ओढ़ कर नव पीत चूनर
प्रीत दुल्हन आ गयी
ले ह्रदय में प्रेम पुष्पित
यामिनी महका गयी

आ गयी अभिसार बेला
मुकुल मन गुच्छित हुआ
रंग रागित प्रवल इच्छित
नेह वन सिंचित हुआ

बीतती अब रैन सुन्दर
अंशुमाली रुत जगी
विरह व्याकुल कर रही है
स्वर्ण रंगों में पगी

-182-

...स्वस्थ मनोरम हर मौसम हो...

अनुपम है सब छटा निराली
वन उपवन मतवाले
स्वर्ण विभूषित नीलाम्बर में
सूर्य देव दिल वाले

मिलती रहतीं धूप हवायें
मनभावन रसभीनी
शाम सुहानी धुँधली सी है
रैना चादर झीनी

स्वस्थ्य मनोरम हर मौसम हो
कोई प्रदूषण नहीं
हरितिम तृण मखमली गलीचे
शुद्धता शोषण नहीं

वृक्ष लतायें फूल पत्तियां
धरती है श्रृंगारित
प्राण वायु इनसे मिलता
जीवन इन पर आधारित

नदियाँ गहरी लहर लहर
कल कल निर्मल नीर बहे
झर झर झरते झरने हों
मानव स्वस्थ शरीर रहे

उत्सर्जन विष गैसों के हैं
बम पटाखे बन्द हों
हरे घने घन वृक्ष लगा कर
जीवन में आनन्द हो .....

- 183 -

...मन दर्पण प्रतिबिम्बित होता......

मन दर्पण प्रतिबिम्बित होता
कई रूप प्रतिरूप
मन प्रकाश बोझिल तो छाया
मन हर्षित तो धूप

मन के हारे हार जगत में
मन के जीते जीत
मन वीणा झंकार करे हो
सरसित नव संगीत

सुन्दर मन की सुन्दर बातें
लता गुल्म तरु पात
मन का हर कोना आलोकित
प्रेम किरण सौगात

उड़ जाता मन नील विहंगम
स्वर्ण भावना पंख
ना सीमा ना कोई बन्धन
राजा हो या रंक......

- 184 -

...दो अँखियाँ हैं जागी...

पल पल मन में भाव की लहरें
उठती गिरती रहती
पावन निर्मल मन्दाकिनी सम
समतल शान्त सरसती

मनभावन रस सावन बरसे
मेघ मल्हार सुनाये
जब आये वासन्ती बेला
बगिया खिल खिल जाये

राग फाग से भर जाता है
संग हवा के डोले
सतरंगों से अंग सजाये
रग रग रस रस घोले

दूर गगन विचरण करता है
बन पागल अनुरागी
सारा जग सोया सोया जब
दो अँखियाँ है जागी

चपल चंचला चमक गयी
उर आनन्द गगन में
बावरा हृदय राधा मीरा
व्याकुल मलय पवन में

दूर कहीं आवाज गीत की
किसने मीत पुकारा
नव कुसुमित पुष्पों से स्नेहिल
बिखरा कुंज संवारा

आमोदित बन कृष्णा वल्लभ
प्रबल प्रेम घन मुकुलित
खग मृग पादप हैं आनन्दित
धवल गात हैं पुलकित

कूजित कोकिल की स्वर लहरी
रोम रोम अभिसारित
कृष्णा की बंशी की धुन
राधे पायल झंकारित ....

- 185 -

...जब जब आयी रुत सावन...

जब जब आयी रुत सावन की,
मधुर मेघ मल्हार सजे
सारंगा बागों में हर्षित
कण कण में सुर साज बजे

हवा तरंगित अपनी धुन में
बल खाती इठलाती सी
कमल कुंज सब हुये सुगन्धित
बल्लरियां मदमाती सी

विहग विटप तृण खग आनन्दित
झूला झूलें डालों पर
झूम झूम के भँवरे गायें
तितली नाचे तालों पर

नीला अम्बर भर भर अंजुर
मेघ उलीचे उर्वी पर
धरा धीर धर पुलक प्रवीणा
धानी घूंघट सरका कर ....

- 186 -

...साथ चलें...

कदम कदम साथ चलें
बनता है कारवां
कोशिशें हो सबकी तो
सजता है गुलसितां

एक हम तो क्या हम
एक तुम तो क्या तुम
कहीं होगे तुम भी गुम
हो जायेंगे हम भी गुम

साथ हैं परिवार है
परिवार है समाज है
समाज है तो राज्य है
राज्य है तो देश है

देश है तो वेश है
संस्कृति समावेश है
सभ्यता संदेश है
रिश्ते अशेष हैं

आदमी हर आदमी
रक्त ना विशेष है
रंग रंग गुल खिले
सूखमय परिवेश है

जीवन संघर्ष भी
विषाद भी है हर्ष भी
सुलझे हर गुत्थियां
तर्क है वितर्क भी

इंदु सिंह

आरजूयें तमन्ना है
        हंसना और गाना है
गीत है संगीत है
        खुशियों का बहाना है

साथ है जरूरी
        अकेला कोई कुछ नहीं
सब की अलग अहमियत
        कोई भी है तुच्छ नहीं

सबसे मन मिलाइये
        हँसिये गुनुनाइये
गम किसी का बांट कर
        खुशियों को लुटाइये

इन्सानों की रीत यही
        स्वर्णिम संगीत यही
रात सांझ प्रात सुभग
        मानवता जीत यही....

- 187 -

...इक दूजे का दुख बाँटे तो......

इक दूजे का दुख बाटें तो
लगता कितना अच्छा है
थोड़ी सी भी खुशियां दें तो
लगता कितना सच्चा है

जो अपनों का साथ मिले
तूफानों से लड़ जायेंगे
आग लगा दें पानी में
आंधी में दीप जला देंगे

चीर के पत्थर का सीना
अमृत रसधार बहायेंगे
नील गगन से चांद सितारे
तोड़ जमीं पर ला देंगे

चट्टानें भी रोक न पायें
बढ़ती हुई रवानी को
सदियों तक देखेगी दुनिया
अपनी खिंची निशानी को.......

- 188 -

...कलसी जल भर कर...

छन्द त्रिभंगी

कलसी जल भर कर
सिर पर रख चल
अटक मटक कर
मदमाती.........

शुभ कुंज कमल दल
जल बिच हल चल
हंस विचरते
हर्षाती......

लाली पट्टाम्बर
कंगन खनकत
टिकुली चमकत
भरमाती.....

आयी अनुराधा
लचकत राधा
चन्द्रमा आधा
इठलाती......

रंजित दृग अंजन
नैना खंजन
प्रीत प्रभंजन
मुस्काती........

हैं श्याम विलोकत
टोकत रोकत
गागर फोड़त
मन भाती.......

कुन्तल घन श्यामल
रूप हलाहल
कोमल कोमल
शर्माती...........

हैं प्रेम परागित
राधा रागित
कृष्ण बांसुरी
सुर गाती .....

- 189 -

...प्रेम मगन हैं कृष्ण राधिका...

प्रेम मगन हैं कृष्ण राधिका
वृन्दावन आनन्द
झूम रहीं हैं कदम डालियां
यमुना लहर तरंग

सात सुरों के सप्तक लय पर
नृत्य मगन वृजराज
सकल सृष्टि अवधारी रसमय
चकित हुये रसराज .....

राधा की चूनर लहराई
कृष्णा पटुका संग
झनक झनन झन पायल बाजे
मुरली भरे उमंग

कुंज कुंज कुसुमित कलिकायें
भरमाये दल भृंग
मादक मन्द पवन लहराये
भ्रमित तरु गिरीश्रृंग..........

- 190 -

...शाश्वत विरह - मिलन...

धरा गगन का मिलन क्षितिज पर
शाश्वत नियमित सुनो सखे
मिलन और विरहा बतलाती
सृष्टि सुन्दरी गुनो सखे

हर घड़ी प्रतीक्षा रहती है
सुरभित सी गोधूली की
रंग बदलते अंशुमाल भी
धरिणी संग सहेली सी

सूर्य किरण जब पड़े धरा पर
वसुंधरा तब जगती है
रंग विरंगे परिधानों में
सजती और सँवरती है

आ जाती है चिरप्रतीक्षित
मिलने की बेला सुन्दर
अम्बर झुकता थिति मिलने
चिर प्यास छुपाये उर अन्दर

अपलक दृग से व्योम निहारे
ललित कलित सी दुल्हन को
रोक सके ना सुभग भाव के
हल्की हल्की सिहरन को

आसमान अचला अवसंजन
अभिनव प्रीतक रीत सखे
धरती अम्बर नित्य समाधित
गाते हैं ये गीत सखे.........

- 191 -

...भटकत ढूंढ़े...

चमकत बिजुरी, बरसत बदरा
भींजत चूनर,.... बहते कजरा

कुन्तल से जल, टप टप बून्दें
कान्हा अँखियां, भटकत ढूंढ़े

यमुना तट पर, वृषभान लली
वन कुंजन में ज्यूं कुसुम कली

कान्हा बंशी, सुर बाज उठी
राधा की पायल जाग उठी

वृन्दावन रास..... रचे भारी
नाचत गावत सब सुकुमारी

तृण पात लता, भये रंग रंग
धरा गगन हैं .... संग संग

कृष्णा नगरी,.. है धन्य धन्य
बछड़े धेनु चरे.... वन्य वन्य

लहराये लह लह यमुना जल
रंगत कान्हा सम है श्यामल

- 192 -

...तुम्हारे प्रेम की हाला...

छन्द विजात...

तुम्हारे प्रेम की हाला
हृदय मधुमास कर डाला
हवायें संग गाती हैं
बहारें गुनगुनाती है

लहर है प्रीत सागर में
भरूँ मैं नैन गागर में
सुभग अंजन लगाया है
ललित लाली रचाया है

हजारों भाव के दीपक
जलाये हैं लखित रूपक
प्रखर रंगीन जोतिर्मय
कलश मंगल प्रपूरित द्वय

दिया है नेग गीतों का
सुगन्धित माल प्रीतों का
गगन को था कहा हमने
समेटो शबनमी गहने

जलाओ दीप तुम भी इक
असित कोटर उजाला हो
छलक जाये मधुर मदिरा
बरस जाये सघन बदरा

तुम्हारे एक आने से
मधुर सपने सजाने से
हरित हर कुंज सजते है
सपन हरपल निखरते हैं

अभी आये न अब जाओ
सभी वादे निभा जाओ
अभी जागी उमंगे हैं
लहर सागर तरंगें हैं

अभी तो रात बाकी है
अभी तो बात बाकी है
अभी संवाद कितने हैं
भरे अवसाद कितने हैं

मुखर हर भाव भाषित है
अधर लाली सुहासित है
प्रबल मन कामना दीपित
चिरंतन साधना पूरित
नवल हर रंग दिखते हैं
कंवल कितने ही खिलते हैं
सकल वसुधा सुसज्जित है
गगन में चन्द्र पुलकित है

महकती रातरानी है
चमेली पर जवानी है
कहीं है दूर कोकिल भी
सरसती बोल कोमल सी
मधुर सांसों का बन्धन है
मदिर हासों का नन्दन है
प्रतीक्षित नेह आलिंगन
पियुष प्लावित हुआ आंगन

- 193 -

...हे बाला...!...

हे बाला..!...
मत पियो प्रेम की हाला
दिल होगा मतवाला
चैन लुटेगा, जी जलेगा
पड़ेगा ग़म से पाला
मत पिओ प्रेम की हाला......

सोच समझ बह जाये दरिया
बुद्धि पर हो ताला
प्रेम में अन्धा हो जाता जग
रटे एक ही माला
हे बाला.....!
मत पियो प्रेम की हाला.....

इन्तजार की घड़ियां लम्बी
मिलने के पल छोटे
खुले गगन में उड़ जाये मन
कोई न हो रखवाला
हे बाला....!
मत पिओ प्रेम की हाला

राग रंग रस होगा बेशक
होगा सूखा प्याला
प्रीत जंग में जीत हुई तो
पूरी है मधुशाला
हे बाला....!
मत पिओ प्रेम की हाला......

- 194 -

...उस रात दिवाली होती है...

जब मन मे भरी उमंगें हो
खुशियों की लहर तरंगें हों
जब हम तुम सारे मिलते हों
जब नेह कंवल दल खिलते हों
मन मे हरियाली होती है
उस रात दिवाली होती है.....

जब खुशबू उड़े हवाओं में
जब मस्ती भरे फिजाओं में
जब गांव शहर सब हंसते हो
अपनापन के हर रिश्ते हों
घर घर खुशियाली होती है
उस रात दिवाली होती है......

मन मीत कहीं मिल जाता है
जब सुर संगीत सुनाता है
मन रंगों मे खो जाता है
सब रंग रंग हो जाता है
हर दिन मतवाली होती है
उस रात दिवाली होती है........

जब बेटा मां के पग छूता
मां हंस के गले लगाती है
भाई के लिये बहन कोई
राखी का थाल सजाती है
दोनों मुख लाली होती है
उस रात दिवाली होती है......

समर जीत कर कोई जवान
जब वापस घर को आता है
हो विजय गर्व से परिपूरित
जब प्रिय को गले लगाता है
वो बात निराली होती है
उस रात दिवाली होती है....

- 195 -

...उर ज्योति भरें तम दूर करें...त्रोटक छन्द...

उर ज्योति भरें तम दूर करें
सब कष्ट मिटे निज जीवन का
सुख दें सब को कुछ दुख हर लें
तब सार्थकता कुछ यौवन का

सुख सावन हो मनभावन हो
पल पल रुत सुभग सुहावन हो
पुलकित वन उपवन कानन हो
वह प्रीत अलौकिक पावन हो

हमराज कहीं हमराह मिले
मन की बगिया इक पुष्प खिले
दिन रैन सुवासित रंजित हो
उन नैनन से जब नैन मिले

यह जीवन है पल चार घड़ी
दिल की न रहे दिल में हि दफन
अभिमान रहे न रहे कुछ भी
बस प्यार बिछावन और कफन

- 196 -

...आज फिर वो बात दे दो...छन्द मनोरम...

आज फिर वो बात दे दो...
रुचिर रसमय रात दे दो
प्यार की सौगात दे दो
नेह की बरसात दे दो

रंग भर दो जिन्दगी में
तुम हमारी बन्दगी में
ईश में तुम हो ख़ुदा में
सैकड़ों से हो जुदा में

मेघ में तुम दामिनी में
गीत की हर रागिनी में
दूरियां अब हर मिटा दो
आज सावन की घटा दो

आरती वन्दन तुम्ही से
भावना चन्दन तुम्हीं से
रूप को श्रृंगार दे दो
प्यार को अभिसार दे दो
आज फिर वो बात दे दो........

- 197 -

...प्रेम रस नैनन...

कान्हा की मुरली धुन, है राधिक चली चली
वृन्दावन कुंज गली,...... प्रेम रस नैनन

मुसुकाती मन्द मन्द मन मन लजाती है
छनन पग घुंघर,........ हासित है बैनन

लोचन रसमाधुरी,.... अधर कमल दल
कटि क्षीण हलचल,...... हरे उर चैनन

पुलकित है आनन, चमकत ज्यूं चानन
नख शिख है चम्पक, हरी भरी मधुवन

कुन्तल घन श्यामल, अँखियन में काजल
है रूप मदिर हाला,..... सावन ही सावन

नथनी है डोल डाल, दृष्टि रस घोल घाल
अटक मटक चाल,...... चले मनभावन

असरदार बिन्दिया, है लूट रही निन्दिया
गले हार मोतियन,........चूनर सुहावन

बदन रंग स्वर्णिम, है काली काली चूड़ियाँ
पीत रंग अंगिया में, ...अंखड़ी लजावन

- 198 -

...सुख का साथी जगत है...

दोहे

सुख का साथी जगत है, दुख में मिलै
न कोय।
दुखड़ा नहीं सुनाइये, कोइ न अपना होय॥

प्रेम बहुत विस्तार है, नहि यह ओछा होय।
अगन लगे इक बार जो, जले बचा नहि कोय॥

जो है जिसके भाग्य में, रोक सके नहि कोय।
मत घबड़ाना साथिया, राम करे सो होय॥

सोच न मन में धारिये, चिन्ता चिता समान।
आस कभी मत छोड़िये, कहते संत सुजान॥

नेह दीप की ज्योति से, मन उजियारा होय।
मन मन में आलोक है, जग आलोकित
होय॥

प्रेम गांठ जो बंध गया, मत खोलो बरजोर।
वाहि खुले कुछ नहि बचे, टूट जात हर डोर॥

सत्य वचन लगता बुरा, मानव अजब सुभाव।
चाटुकारिता भाय है, बिकै टके के भाव॥

आजुक दुनिया में मिले, कैसे कैसे लोग।
खुद को समझे शेर वो, बाकी सब कमजोर॥

जाति धरम के द्वन्द में, दुनिया है बर्बाद।
एक धर्म इन्सान तो, कायनात आबाद॥

मूर्ख न संगत कीजिये, कट जायेगी नाक।
भला बुरा समझे नहीं, अपनी देता हांक॥

अपने मन में ढूंढिये, जहाँ ईश का वास।
मन मंजरी लुटाइये, जग को करै सुवास॥

स्नेह गगरिया मधु भरी, छल छल छलकत
जाय।
जो आवै मन निर्मला, भींजत नहि बच
पाय॥

इंदु सिंह

वैसा हि व्यवहार करो, जो औरों से चाह।
अपने अन्दर झांक लें, फिर बतलायें राह।

अपने मन की कीजिए, सुनिये सब की बात।
भोरक भोर हि जानिये, नहीं रात को प्रात॥

भाव छुपाये नहि छुपे, आंखों में दिख जाय।
चाहे कुछ नहि बोलिये दीख परख ही जाय॥

कभी वहां नहि जाइये, जहां नेह नहि प्रेम।
मन से मन को देखिये जीवन शीतल हेम॥ ...

- 199 -

...सावन सावन रस बरसाये...

चौपाइयां

सावन सावन .....रस बरसाये।
विरह अनल मन क्यूं न बुझाये॥

बाट तकत उर कुंज सजाये।
री सखि साजन अबहुं न आये॥

मलय सुगन्धित डोलत हासा।
मुकुलित पुहुप जगावत आशा॥

बीतत रैन........ दीप अलसाये।
अंजन बहत...... रूप मुरझाये॥

करै भृंग दल ......मादित बैना।
नाचत मोर.......... मयूरी रैना॥

सौतन कवन सजन बिलमाये।
राम करे उत..... चैन न आये॥

रात सुहावन मन मनभावन।
घूंघट में छव चन्द्रित आनन॥

जाहु पवन...... संदेश सुनाओ।
पिया मिलन.....संगीत बजाओ॥

- २०० -

...अमर प्रेम कहानी...

मीरा - राधा - कान्हा

जीवन पल पल सरका जाये
हंसते गाते जी लें
काले मदमाते नयनों से
प्रेम सुधा रस पी लें

जैसे मीरा प्रेम दिवानी
पी कर विष का प्याला
प्रेम की शक्ति ने विष को भी
अमिय अमिय कर डाला

छोड़ दिया धन,महल दोमहल
प्रीतम की वो जोगन
रंग रची है मनमोहन के
केसरिया है तन मन

चाह नहीं कोई आह नहीं
बसे नैन में श्यामा
मुरली धुन में राधा राधा
मीरा गिरिधर नामा

ऐसी मधु हाला में डूबी
मीरा प्रीतक रानी
युग युग तक को अमर हो गयी
उनकी प्रेम कहानी

राधा का इश्क कयामत है
मीरा प्यार इबादत
दोनों पर मुरली वाले की
होती अजब इनायत

राधा की पायल में झनके
मोहन कृष्ण मुरारी
मीरा की करताल बसे हैं
गोवर्धन गिरिधारी

मोहन की मुरली धुन में बस
राधा राधा राधा

मीरा रानी हुई दिवानी
रही न कोई बाधा
एक दामिनी,इक है जोगन
अद्भुत प्रीत निभाये

प्रेम मगन मन कहां सोचता
क्या खोये क्या पाये........

- 201 -

...दृग ताक रहे अब बाट पिया...

छन्द दुर्मिल सवैया

दृग ताक रहे अब बाट पिया
मन नाच रहा......तन मादित है
रुत सुन्दर है.. अवसंजन की
उर कानन पुष्प ....मुकुन्दित हैं

उर पंकज कुसुमित रंग भरे
अवधार हिये ...सुख पुंज लिये
शुभ राति अनन्तक रंजन की
शुभ प्रेम हमारा.... ...पूजित है

मधुयामिनि रैन....सुहावन है
अनुरंजित है ......मृदु हासित है
नव प्रीतक गीतक ..गूंज रहे
नव भाव तूलिका ......तूलित है

अकुलाहट है... हियरा तरसे
प्रतिकूल रहे न कभी कुछ भी
मलयानिल आनन ..चूम रहे
हर रंग सदा .....अनुकूलित है

कुछ आप कहो कुछ मैं कह दूं
हर रूप अनूप.. ....सुहावन है
परिपूरन आस ....समंजन की
हर शब्द सुधा .....प्रतिपूरित है

नयना बिच राखुँ... सँवार तुझे
तम का अब नामनिशान नहीं
अब काज नहीं अँख अंजन की
चहुंओर प्रकाश... प्रपुंजित है

नित आस लगी पिय आवन की
अंखियां बरसे जस सावन की

अब आन मिलो न विलम्ब करो
रुत बीतत है.... मधु श्रावण की

तरु पात सभी..... मदमस्त हुये
मलयानिल मन्द.... सुहावन की

नदिया लहरे...........हहराय रहे
जस बोलत बोल ....बुलावन की

- २०२ -

...अँखियाँ बिन अंजन के कारे...

अंखियां बिन अंजन के कारे
अधराधर मुरली शोभित है
नटनागर यमुना के तट पर
राधा हरि मन मनमोहित हैं

वृजधाम अलौकिक शोभा है
रस रंग भरे तरु पातों में
सखियां नाचत है मस्त मगन
मनमोहन के मृदु हासो में

आनन्दित है मन वन्दित है
वन पंछी पखेरु पूजित है
हर बाल श्याम सम भोला है
हर बाला राधा मोहित है

धन्य हैं प्रेम रस लीलायें
हैं सकल कलायें भरी भरी
प्रीत अनूठा अद्भुत है इसका
श्याम राधिका नाम हुआ

आनन्द रहे मकरन्द रहे
हर जीवन मधुर सुगन्ध रहे
पल पल मन मुकुलित हो पुष्पित
हर दिन नव नवल उमंग रहे.......

- 203 -

...विधि लेख...

कैकयी की बुद्धि क्यूं उलटी
वन को भेजा राम
कृष्णा ने पितु-मात को छोड़ा
गये गोकुला धाम

सीता गुम गई धरती में
प्रिय राम को छोड़
श्याम गये वापस मथुरा को
राधा से मुंह मोड़

सती अहिल्या पत्थर बन गयी
अपने पति का श्राप
रावण जैसा ज्ञानी तपस्वी
ठगा आपना आप

शूर वीर थे पांच पति और
सखा जगत आधार
चीर हरण क्यूं द्रुपद सुता का
धर्म गया था हार

मर्यादा पुरुषोत्तम भूले
पत्नी का सम्मान
लक्ष्मण ने क्यूं नाक काट दी
प्रेम याचिका जान

किस्मत में था सबको लड़ना
कारण सबके भिन्न
तय है कि विधि लेख के आगे
होते सारे दीन..........

- 204 -

...आँखें रावण आँखें राम...

आंखें रावण आंखें राम
आंखें नर्क, स्वर्ग का धाम
आंखें हैं राधा अनुरागी
आंखें मीरा और घनश्याम

सुन्दर कह दे जो आंखें तो
सब कुछ सुन्दर सुन्दर है
नीर बहे जब आंखों से तो
दुनिया बने समन्दर है

वो आंखें भी क्या आंखें
दूजे दुख में नहि बरसे
दाद दीजिए उन आंखों को
जो दूजे सुख में हर्षे

व्यर्थ लगे वो आंखें जिनमें
दया धर्म पानी नही
बेकार हैं वो आंखें जिनमें
कोई प्रेम कहानी नही

निगेहबान वतन का जो है
उन आँखों का क्या कहना
इश्क प्यार भरती आंखें
जज़्बातों का क्या कहना

तकरार लवों की बातें हैं
रश्क करें उन आंखों से
जिनमें है तस्वीर यार की
इश्क हमे उन आँखों से..

नाज हमे है उन आंखों पर
सीमा पर जो खड़े हुये
खुशियाँ हैं उन आंखों में जो
सत्य न्याय पर अड़े हुये

कवि कल्पना ये दो आंखें
भरित भावना हैं आंखें
आंखें विचलित होती हैं
जब मन फैलाता है पांखें

मन की सखा सहेली है ये
इक अनबूझ पहेली है
तन्हाई में कभी चंचला
लाखों में कहीं अकेली है

जग की सारी सुन्दरतायें
आंखों की मोहताज हैं
आंख न देखे तो बेकार
रूप साज श्रृंगार हैं

आंखो की गंगा यमुना में
भावों के मोती बिखरे
जब भी घना अंधेरा छाये
नयनों से ज्योति निखरे

कटु मधु हर याद समेटे
तकता जब तक जीवन है
सुख में विहुंसे दुख में रोये
रौशन है संजीवन है

आंखों की मदिरा पी पी कर
कितने दिल मदमस्त हुये
आंखों के शोलों में जल कर
कितने जल्वे पस्त हुये

इन आंखों के तीर निशाने
लाखों दिल कंगाल हुये
इन आंखों में प्रेम खजाने
कितने मालामाल हुये........

- 205 -

...मन वल्लरियां...

मन की वल्लरियां झूम उठी,
कँवल कली खिल जाये
शब्दों की सरिता लहरा कर
उर उमंग भर जाये

आंखें बन्द किये जब देखा,
श्यामल छवि साजन की
खुली पलक में निरखे नयना
स्याह घटा सावन की

धरा गगन को मिलते देखा
सांझ सुर्मई बेला
चमन फूल को खिलते देखा
बेला और कुबेला

प्यार और मनुहार समंजित
प्रबल प्रेम रसधारा
अधरों पर तकरार लरजते,
उर अन्तस शुचि न्यारा

देखा है नयनों की भाषा,
नित्य छन्द में ढलते
कितने गीत प्रीत अनुनादित
अगणित सपन मचलते

मंगल बहती रहे सदा ही
प्रेम सरित शुभ गंगा
धरा गगन मन मस्त मगन हो.
अम्बर प्रखर पतंगा

जाने कितनी बार प्रिये तुम
नयन द्वार से आये
तिमिर घने मन के मन्दिर में
माणिक दीप जलाये

कर प्रकाश निज ज्योति पुंज से
झिलमिल आंगन सारा
प्रेम गीत से गूंजित कर गये
तन मन हिय चौबारा

सुर वीणा झंकारो तुम गर
पायल मेरी बोले
तेरे आनन हास निरेखत
अधर पंखुड़ी खोले

अंग लगा लो आज प्रिये तो
मैं चन्दन बन जाऊं
मन मन्दिर में बसे सजन नित
वन्दन मैं कर जाऊं

- २०६ -

...रंगमहल मन...

कोई आया रंगमहल मन
मधुर गीत झंकार लिये
अष्ट कमल दल खिले कुंज में
प्रेम वारि साकार हिये

कोमल कोमल आहट द्वारे
कितने सपने सज जाते
भाव तरंगित ताल ह्रदय के
तार तार हैं बज जाते

मनहर मधुवन सुमन सुमन चित
बिन मौसम रुत वासंती
अधर पुष्प फुल्लित पंखड़ियां
जगे फाग चित रसवन्ती

तन मन वृन्दावन हो जाता
मह मह महके कुसुम कली
रज कण राग रसिक रसमादित
ज्यूं वृजधामक गली गली

- 207 -

...हलाहल पिये जा...

छन्द शक्ति

हलाहल पिये जा न डरना कभी
न रुकना न झुकना न मुड़ना कभी
गगन से सितारे सभी तोड़ लें
घटाओं हवा की दिशा मोड़ दें

न साथी न संगी न कोई मिले
न करना कभी कोइ शिक़वे गिले
बढ़ाना क़दम है बढ़ाते चलो
सभी को गले से लगाते चलो

मिलेगी हमे मंजिलें देख लो
न हारे हमारी लगन सोच लो
अगर जीतना जंग जीवन कहीं
मिटाना पड़ेगा अलस को यहीं

चले थे अकेले बना कारवां
कहीं तो मिलेगा हसीं हमनवां
दिवस हो उजाला चमक चांदनी
चमन में बहारें अधर रागिनी.............

- २08 -

...सजन प्रेम रस रंग रंजित किये...

शक्ति छन्द

सजन प्रेम रस रंग रंजित हिये
पुलक हास आमोद हर्षित किये
हजारों खिले पुष्प मद छा गये
भ्रमर गीत मधुरिम सरस गा गये

नयन में प्रिय आस पलती रही
निशा भोर यूं ही फिसलती रही
लगी है लगन अब दरश की मुझे
रस अमिय सरस घोल दे दूँ तुझे

लहर ताल अनुगूंज मुखरित हुये
लता गुल्म किसलय सुहासित हुये
मिलन धुन की सरगम ह्रदय वीण में
विकल मोह की माल ले लीन में

पहिर नृत्य हो लाल कंचुक हरी
सुभग ओढ़नी पीत माथे धरी
अलंकृत बदन स्वर्ण भूषित भला
मिलेंगे सजन प्रेम प्रमुदित चला

- २09 -

...स्वर्ण सपन संसार...

गीत नवल नव कंज मुकुन्दित
स्वर्ण सपन संसार
छन्द ग़ज़ल मन नभ अनुरंजित
सारा रूप श्रृंगार

रंगमहल हो सूना सूना,
साजन बिन बेकार
सांसों के सरगम में सिमटा,
हर सुख का आगार

बिंदिया चमके पायलिया संग
कंगन बारम्बार
भावों की रसधार निर्झरी
आमोदित आधार

बूंदे बरसे जब सावन की,
मेघप्रिया मल्हार
दिन दोपहरी झूला कजरी
रैन नैन द्वय चार

बन्ध न टूटे साथ न छूटे
जनम जनम का प्यार
दिन महीने साल सनातन
जन्मों का अभिसार

- 210 -

...नित नित नयन कटोरे...

नित नित मेरे नयन कटोरे
कुछ भर भर जाते हैं
प्रेम पियुष रस भाव घोल कर
झर झर झर जाते हैं

बूंद बूंद मद मस्त मदीला
नेह कली खिलती है
रोम रोम में प्रीत तरंगित
अंखियां जब मिलती हैं

मन के कोने कोने से है
धुन्ध धुमिल छँट जाता
गीत मधुर झंकार तरंगित
कण कण में बँट जाता

प्रतिपल ढूंढा करती हूं मैं
कोमल अंखड़ियों को
बहुत संभाल कर रखा मैने
चाहत पंखड़ियों को

चलो चांद के पार सनम
इक दुनियां नयी बसायें
तारों की पायलिया छनके
नया गीत इक गायें

बादल की तुम रंगत लेना
मैं चपला सी चंचल
धीर वीर तुम प्रखर सूर्य सम
मैं चंदा सी शीतल

भोर किरण की स्वर्णिम आभा
तुम जग पर बिखराना
चन्द्र प्रभा बन मैं सिखलाऊं
हंसना और हंसाना

ध्रुव तारे सा नित्य चमकना
गगन सिहांसन बैठे
मैं आकाश गंग बन जाऊं
प्रीत कभी नहि रूठे........

- २११ -

...भोर सुहावन अति सुख लागा...

चौपाई

भोर सुहावन अति सुख लागा।
प्रिय हिय प्रीतक बोल सुनावा॥
नयन मूंद जब चित छवि देखा।
पुलकित आनन कन्त निरेखा॥

दिन कट जाय रैन है भारी।
सोवत है जब दुनिया सारी॥
पल पल तेरा पंथ निहारूं।
साज सुभग श्रृंगार संवारूं॥

याद सुगन्धित हिय भरमाये।
पिया मिलन को मन अकुलाये॥
शीतल पवन प्रवाहित आये।
प्रीतम के सन्देश सुनाये॥

नेह दीप तुम्हरे पथ राखा।
जोत जले नित भाव प्रशाखा॥
लाल लहालह चूनर सोहे।
आभूषित तन साधा तोहे॥

- २१२ -

...बन कर मेघ बरस जाना...

सागर लहरें लहरातीं हैं
चंचलता भर नयनों में
अतल गहन गहराई रख कर
सभी हक़ीक़त सपनो में .....

आ पतंग लाली झहराये
अरुणाई शुभ आनन की
दूर क्षितिज रंगों में देखा
सुख दुःख आवन जावन की ......

सांझ की बेला श्याम झलक में
कितने रूप समाहित हैं
मन्द अनल के झोंके झूमे
अंग अनंग प्रवाहित है

रात चांदनी ले कर आती
चांद गगन इठलाता है
बूंद बूंद कर तुहिण कणों से
धरा स्नेह भर जाता है .....

तपती जलती वसुंधरा,तुम
बन कर मेघ बरस जाना
धानी चूनर पहन इला जब
इठलाये सुनिरख जाना.....

अरुणोदय की बेला सुन्दर
प्रखर रश्मियां बिखराये
एक किरण बन कर आओ तुम
हृदय तिमिर सब छंट जाये.....

दखिन पवन तुम बन जाना प्रिय
अविचल चंचल मन धीरा
रोम रोम में प्रीत प्रवाहित
हरे विरह की हर पीड़ा......

रैन विहंगम घना बसेरा
पागल मन जब घबड़ाये
शीतल निर्मल चन्द्र प्रभा तुम
उर उजियारा हो जाये.......

- 213 -

...सृष्टि रंग रंजित...

त्रिभंगी छन्द

सृष्टि रंग रंजित
ताल तरंगित
विहग उमंगित
उड़ जाये

पर्वत हिम मंडित
प्रीत अखंडित
रज अनुरंजित
ललचाये

वसुधा हरियाली
चूनर वाली
दे दे ताली
शुभ गाये

पुलकित हो जाये
उर उर गाये
नैन लजाये
थम जाये

ये वृक्ष घनेरे
भोर सवेरे
चित्र उकेरे
मन भाये

है शाम सुहानी
रुत मस्तानी
वचन निभानी
हम आये.......

- २14 -

...मुखौटा...

सुबह मुखौटा शाम मुखौटा
चलते हैं निर्द्वन्द मुखौटा
जान ही जाते जानने वाले
क्षणभंगुर पल चन्द मुखौटा

आन मुखौटा शान मुखौटा
झूठों का हर काम मुखौटा
सच्चाई में ईश समाहित
उनके लिए हराम मुखौटा

झूठी पूजा झूठा वन्दन
प्रेम प्रीत अनुराग मुखौटा
सत्य की जब दुन्दुभी बजे तो
जाते सारे भाग मुखौटा

जो जैसा है रहेगा वैसा
मुख पे अपने डाल मुखौटा
जिन पे अब भी टिकी है दुनिया
नोंच डाले हर हाल मुखौटा

श्वेत हरा और लाल मुखौटा
बहुत बड़ा जंजाल मुखौटा
आराम सोच कर भी ना कभी
मुख पर अपने डाल मुखौटा......

- 215 -

...चैन गया अब नींद गयी...

सवैया मन्दिरा

चैन गया अब नींद गई
यह रैनन बीत रही सजना
पंथ निहारत नैन
गजरा मुरझात मिटे अँजना

दीपक नेह जलाय रही
इक सुन्दर स्वप्न दिखे मनमा
पावन प्रीत सजा उर में
प्रिय आवत हैं हमरे अँगना

चन्द्र प्रभा सकुचात लगे
निरखे रुत आनन रूप बना
मौन रहे दृग बोल पड़े
मन की हर बात तुम्हे कहना

रात सुहावन बीत रही
नहि आय घड़ी अवसंजन की
मन्द चले मलयानिल ये
हिय प्रेम तरंगित प्रीतम की

प्राण प्रमोद तुम्ही सजना
तुम से हि सजे दिन रैन प्रिये
साज बजे मन झंकृत हो
कुसुमादित मोदित होत हिये

चांद दिवाकर रात घनी
तुम से सब मंगल रूप बना
आन मिलो न विलम्ब करो
दुख के अब पीर नहीं सहना

नेह लिये मन प्रीत लिये
प्रिय आवन को शुभ सृष्टि सजी
बीत गई रुत पीर नहीं
सुख सावन हर्षित बून्द लड़ी

काग सुनावत बोल सुनो
कल द्वार खड़े मिलि हैं पहुना
आजुक राति बिताय लिये
कल झानक बोल कहे ककणा

- २16 -

...अंगना उड़त गुलाल...

आये साजन प्रेम मगन मन
धरा गगन रंग लाल
फागुन फाग हुआ है कण कण
अंगना उड़त गुलाल

मन उपवन कलियां चटकी हैं
भंवरों का है गुंजन
नैनों के रक्तिम डोरे हैं
प्रेमपाश आलिंगन

रुनक झुनक पायल पग बोले
कंगन खनकत भाये
प्रीत वारि बूंदें बरसे जब
रंजित रस भर जाये

कैसा नेह लगा प्रियतम से
इक पल मिले न चैना
हिय व्याकुल इत उत डोले जो
सुनूं नहीं प्रिय बैना

- 217 -

...पिया मिलन रुत आये...

आवत हैं उमड़त घन बदरा
दामिनि दमकत जाये
लुक छिप छाये श्याम घटा में
पिया दरश हो जाये

झूम चले जब मस्त हवायें
फूल फूल मुस्काये
गंध लिये तन मन प्रीतम की
चतुर्दिशा इठलाये

बूंद पड़े जियरा तरसे अब
घन बन साजन आये
हरित चुनरिया मैं भी धारूं
पिया मिलन रुत आये

झांझर बिछिया कानक झूमर
गले मूंग की माला
नयन झरोखे बैठ निहारुं
पी लूं प्रेमक हाला

पायल की रुनझुन कहती है
कँगना खन खन बोले
भेद जिया के सभी खोलती
नाक नथनिया डोले

लाल चुनरिया तन पर शोभे
हरित रंग का लहँगा
रैना को जब चांद खिलेगा
आयेंगे प्रिय सजना.........

- २18 -

...मन करता है वो कर लो...

मन करता है वो कर लो
साहित्य सुधा रस भर लो

जहाँ चाह है वहाँ राह
है समय की क्या परवाह

पी लो मधुरम मद प्याला
है बहुत हसीं ये हाला

सब रंग रंग कर देगा
है पूरी ये मधुशाला

ये छन्दें गज़ल रुबाई
ज्यूं पवन चले पुरवाई

नग्में हैं भरे सकोरे
पीना बस थोड़े थोड़े

बड़ी शायरी दिलवाली
मय मुक्तक है मतवाली

गीतों में प्यार भरा है
केसरिया श्वेत हरा है ....

- २19 -

...सबका अपना अस्तित्व...

सूई करे जो काम वो

तलवार कहां कर सकती

पहाड़ से क्या हो हिना तो

सिलबट्टे पर पिसती

लवंग चाहिये नाक का तो

नौलक्खा बेकार है

पानी पीना, पात्र छोटा

सरित से क्या सरोकार है?

स्वाति की इक बूंद जो करती

सागर वो नहीं कर सकता

मूँछ कटे छोटी कैंची से

आरा से ये नहि हो सकता

छोटा बड़ा न होता कुछ

सबका अपना अस्तित्व है

हीन नहीं बेकार न सबका

अलग अलग स्वामित्व है....

- २२० -

...कर्म को निखार लें...

बहार ही बहार है
खिलखिलाती धूप
रवि की हैं रश्मियां
कण कण अनूप

जाग अब होने लगी
हलचलें चहुं ओर
विहगों के कलरव है
हर तरफ अंजोर

कर्म को निखार लें
भाग्य लें संवार
बीत रही घड़ी पल
लें सुख दुःख गुजार

मिटे मन विभेद हर
हृदय कपाट खोल लें
बैर भाव नष्ट हो सब
प्यार के नित बोल दें ......

- 221 -

...अनबुझ पथ पर...

जनहरण घनाक्षरी

अनबुझ पथ पर
झटकत ठिठकत
ठहरत निरखत
मन मगन चली

उर भरत उमंग
तन उठत तरंग
मद करत अनंग
दृग सपन पली

धक धक धड़कत
नयनन विहंसत
नख शिख दमकत
इक लगन लगी

सिहरत अंग अंग
मुकुलित नव कंज
बिखरत रंग रंग
प्रिय मिलन चली

नव नव अभरण
चमकत सुवरण
धरि पियर वसन
चमकत टिकुली

सब दुख बिसरत
मुख रुख निखरत
हिम कण बरसत
हिय खिलत कली

सन सनन सनन
शुचि मलय पवन
अब सुखद मिलन
कब दिवस ढली

पिक कुहुक करत
मन प्रणय भरत
रस रस टपकत
मृदु लगत भली

- २२२ -

...दिनकर द्‌युति पुंज...

जनहरण घनाक्षरी

दिनकर द्‌युति पुंज
बिखरत वन कुंज
गुनगन हुये भृंग
खिलि कुसुम कली

चलि पथ पनघट
पग बढ़त चलत
स्वर घुंघर झनक
जस जल कँवली

ठुमकत लचकत
इत उत निरखत
सिर धरत गगर
जल भरन चली

रहे कंगन खनक
कटि तट लचकत
करधनि झनकत
चमकत हंसुली

- २२३ -

...वन कलि कुसुमित...

जनहरण घनाक्षरी

वन कलि कुसुमित
उपवन सुरभित
सब ललित कलित
चम चम सविता

शुचि मलय पवन
चित भरत उमंग
हुलसत अंग अंग
अविरल सरिता

तन मन हरषत
शुभ सुन्दर गढ़त
मनहरण लगत
सुरमयि कविता

कण कण प्रमुदित
द्रुमदल कुसुमित
नव नव अँकुरित
अविचल अचला........

- २२४ -

...सूर्य रश्मियां छुपी हुयी हैं...

छन्द हरिगीतिका

सूर्य रश्मियां छुपी हुयी हैं
श्यामल घनन बदरिया
रिमझिम रिमझिम बरसे सावन
गूंजे गीत नगरिया

अंखियां काजल माथे बिंदिया
कँगना खन खन खनके
हरी चुनरिया तन पर शोभे
पायल झन झन झनके

रूप छवि निरखा प्रीतम ने
हो गया मन बावरा
प्रेम रंग में रंग गये रसिया
बसे हिय बिच साँवरा

मधुर मिलन का आतुर क्षण है
मादक मधु रस सरसे
नैना से छलके रस रंजित
प्रेम अमिय शुचि बरसे

- २२५ -

...तोरण द्वार सजाऊँ...

आयी रुत सावन की रिमझिम
बून्दें बरसे अँगना
पिया मिलन की आस लगी है
कब आयेंगे सजना

बीती जलती जेठ दुपहरी
गया अषाढ़ सुहावन
राह निहारत थकी नजरिया
बीत न जाये सावन

बोले कागा बैठ मुँडेरे
जियरा धक धक धड़के
अंग अंग में उठी तरंगें
बामा नयना फरके

आयेंगे साजन घर द्वारे
ले कर हरित पटोरी
लाल चूड़ियाँ पांव महावर
सेनुर लाल लहोरी

आज सुहावन मिलन घड़ी है
झूमे डाली डाली
नव पल्लव हर हरित धरित हो
नाचे दे दे ताली

आना है उनको मन आंगन
प्रीत दीप जलते हैं
जाने कितने सपन सुनहरे
नैनों में पलते हैं

उड़ जाये मन गगन विहंगम
चन्द्र किरण ले आऊँ
दीप मालिका उसे बना कर
तोरण द्वार सजाऊं

तारों से मैं थाल सजाऊं
हिम कण के हैं मोती
रात रानी की भीनी खुशबू
जले स्वर्ण तन ज्योति

मन के द्वार खुले हैं प्रीतम

इंदु सिंह

मलय संग आ जाना
नयन झरोखे बैठ के प्रिये
उर के गीत सुनाना

बिछे हुये हैं पलक पांवड़े
कुसुम कली खिल आयी
किस उलझन में उलझ गये तुम
याद न मेरी आयी
तुझ बिन सूने नयन हमारे
साज श्रृंगार अधूरा
छुअन लगे नहि जबतक तेरी
कैसे हो ये पूरा

आ जाना जब चांद निकलकर
वसुंधरा को चूमें
भाव हिंडोले बैठ के हम भी
प्रेम नगरिया घूमें......

- 226 -

...रखूँ प्रिय मन वाटिका...

तन मन डोले प्रीत राग पर
किसकी बजी बँसुरिया
कौन बुलाता समय कुबेला
बना रही बावरिया

लाखों नयना पहरे में हैं
पायल बाज न आये
कैसे निकसुं घर अंगना से
भेद हि खुल खुल जाये

बैरन हुये हाथ के कंगन
चूड़ी झन झन बोले
लाल टिकुलिया लहके झलके
कानक झूमर डोले

श्रष्टा सुन्दर सृष्टि सुन्दरी
मन सुभग अट्टालिका
चहुं दिशि सुन्दर सुन्दर भावे
रखूं प्रिय मन वाटिका

- २२७ -

...नीर भरत इक नार नवेली......

लावणी छन्द...

नीर भरत इक नार नवेली
सिर पर गागर भार लिये
बाट तकत पल पल छिन छिन है
प्रियतम उर अभिसार लिये

कोकिल बैना, मृगमद नैना
स्वर्ण रंग तन दमक रहा
अंशु प्रभा में पुलकित आनन
घन बिजुरी सम चमक रहा

नव नव कामिन हर्षित गाता
हिये प्रेम रसधार लिये
कुन्तल कारी नयन कटारी
सजन हृदय पर वार किये

कटि तट लचकत, उड़ी चुनरिया
पग पायल झनकार करे
मुख दल कमल निरखते साजन
प्रेम विवश रह जड़ित खड़े

- २२८ -

...प्रीत करे अनुबन्धित...

छन्द सार ललित

प्रीत सुगन्धित अभिरंजित है
प्रिय आवन की बेला
मन मयूर नाचे तन डोले
मस्त मलंग अकेला

मोद भरी मुकुलित मंजरियां
मधुकर उमड़त आये
कली कली हर्षित इतराये
लघु तृण मन मुस्काये

लास्य मुदित मन तरुवर डाली
चन्दन शाख सुगन्धित
पेड़ों से हैं लिपट लतायें
नेह करे अनुबन्धित

रम्य रुचिर रमणीक मनोरम
प्रियतम सम नहीं कोई
श्यामल गात सुहावन नैना
करत रहत दिलजोई......

- 229 -

...किस डगर चली...

प्रेम गागरी उर की भर कर
क्या जाने किस डगर चली
राह नयी मंजिल अनजाना
नहि जाने किस नगर चली

प्रेम रंग की लाल चुनरिया
शगुन पियरी रंग चोली
स्मृति विहंगमित नील घाघरा
बिन्दी चन्दन अरु रोली

मुक्तक गल मनुहारक माला
कर मे बन्ध का कंगना
प्रिय तन से ले श्यामल रंगत
नयन रचित हुये अंजना

चलते चलते थके पांव तो
बैठ गयी सुख सपन तले
उठी पलक, घट भाव संवारे
जगमग जगमग दीप जले

- २३० -

...अजब घटायें श्याम रसीली...

छन्द सरसी

अजब घटायें श्याम रसीली
बूंदों की बौछार
रुक रुक डोले पवन सुहानी
सावन का श्रृंगार

जहां जिधर नजरें जाती हैं
मौसम है खुशरंग
कली कली पर भंवरे गूंजे
बिखर गये नौरंग

सावन की रुत लगे सुहावन
हर्षित हैं मन प्राण
बूंद बूंद हैं छन्द बने अब
कजरी की है तान

शब्द शब्द की है बन माला
भावों के हैं फूल
देख सजन की आंखों में हम
सावन जायें भूल

उड़े परिन्दे नील गगन में
नव नव लिये उमंग
बावरा उड़ चला है ये मन
जहां प्रिय हो संग

सागर की उत्ताल तरंगें
निरख रहे नग श्रृंग
अन्तर् तरंगिनी नलिन खिले
बसे सजन जस भृंग

- 231 -

...किसकी टूटी आस...

कहां छुपी किरणों की लाली
कहां छुपा है चान्द
मलयानिल क्यूं गतिहीना है
कहां गया मकरन्द

फूल फूल कुम्हला गये हैं
थमी सरित की धार
पंछी सारे मौन हुये हैं
तपती ठन्ढ बयार

गीत नज़्म गुमशुदा किधर हैं
साज नहीं आवाज़
सूनी सूनी फिजां हुई है
बिना पंख परवाज

रात अँधेरी क्यूं लगती है
गुलशन लगे उदास
चुप है क्यूं भँवरों की गुन गुन
किसकी टूटी आस..?

- 232 -

...गाते जीवन तान...

खूब हवा रंगीन सुहावन
चमका सूरज लाल
धरा गगन उपवन सम हासित
पंछी उड़े कमाल

सुभग लेखिनी निर्झर झारें
झर झर झर रसधार
छन्दों में महका करते हैं
भाव पुष्प गुलनार

सावन की बुंदिया बरसेंगी
गीत मेघ मल्हार
रुत रंगीली प्रेम समर्पित
मिले नेह औ प्यार

मगन मना सुख सरिता पोखर
लिये किरण श्रृंगार
वसुंधरा को देती नित नित
खुशियों का आगार

जर्रा जर्रा मुखरित होता
कण कण करते गान
मृग वन शावक उछल कूद कर
गाते जीवन तान

सुन्दर प्रात सुहावन मनहर
भानु सजाये भाल
नयी उमंगें नयी तरंगें
नयी प्रीत की चाल

उड़े गगन में पंख पखेरू
नव नव ले अभिलाष
लगें कर्म में पूरी होगी
हर मन की नव आस

खनन खनन खन खनके ककणा
बोले बिछिया झांझ
बाट तकत बैठी प्रियतम के
भोर से हुयी सांझ

निशि की बेला मनभावन है
नभ पे उतरा चान्द
लता गुल्म सब भरे नींद से
मलयानिल आनन्द ....

- २३३ -

...सुख के सपने बुनता जा...

रे मन, मन की सुनता जा
अन्दर बाहर गुनता जा
चाहे सावन हो या सूखा
सुख के सपने बुनता जा.......

इन्द्रधनुष से रंग लेना कुछ
दरिया से थोड़ा पानी
जीवन में भर लेना तुम
मस्ती भरी रवानी
राह से काँटे चुनता जा
सुख के सपने बुनता जा.....

पंछी की परवाजें ले लो
झरनों से आवाज
गिरी शिखर का उंचा मस्तक
प्रेम का हो आगाज़
गुच्छ लगे तो तुनता जा
सूख के सपने बुनता जा........

भंवरों से नग्में ले लेना
फूलों से कोमलता
कांटों से सख्ती ले लेना
तितली की निर्मलता
झूठ कपट छल धुनता जा
रे मन मन की सुनता जा.......

- 234 -

...ये दुनिया कमाल है...

स्वच्छन्द छन्द

समय का बहाव है
रिश्तों में रिसाव है
सुबह कभी सुन्दर है
कभी ये उदास है
बात कोई खास नहीं
समझो तो खास है
खाली एहसास है
झीना आभास है
न चक्की की घुर्र घुर्र
न पनघट की प्यास है
पायल झनकती नहीं
चूड़ियाँ खनकती नहीं
आफिस कार्यालय है
फैशन देवालय है
चिड़ियाँ तो बोलती
पंख भी है खोलती
उड़ाने भी भरती पर
खुश कहां रहती है
महल है लोग नहीं
लोग हैं जगह नहीं
भोजन अफरात है
खाना मना है
भूख बहुत है
न दाल है न भात है
कोई मालामाल है
कोई कंगाल है
सोचो मत यारों
ये दुनिया कमाल है
ये दुनिया कमाल है..........

- 235 -

...जीवन के रंग...

कभी मौसम गुलनार होता
कभी हुआ पतझाड़
कभी खिजायें हैं कुदरत में
कभी वसन्त बहार

जिन्दगी के रंग हैं दोनों
सुख दुख रहे अनन्त
कभी गमों की बारिश होती
खिलता कभी वसन्त

साथ निभाना दोनों का ही
है मानव का काम
जीवन तो इक बहता दरिया
कभी नहीं आराम

प्रेम प्यार चैनो-सुकून हो
इन्द्रधनुष का रंग
मित्र बन्धु हर नाते रिश्ते
बने रहें सब संग.....

- 236 -

...दीजिये स्नेह प्रेम...

और नहीं कुछ दे सकते तो
दीजिये स्नेह प्रेम
स्वच्छ मन और मष्तिष्क रहे
कभी न खेलें गेम

झूठ कपट छल है कमजोरी
सत्य बड़ा बलवान
सच्चाई वो गहना जिससे
मनुज बने इन्सान

प्रेम प्यार अपनत्व समाहित
नेह प्रीत के संग
नफरत घृणा द्वेष हिंसा भी
जीवन के हैं रंग

अच्छाई पर दुनिया कायम
बुरे संग है जंग
तभी तो सृष्टि नव नौरंगी
नव रस की है गंग

रंगमंच है ये जग सारा
हम सब नाचें नाच
बुद्धि देत है ऊपर वाला
कौन झूठ क्या साँच

दया के पात्र हैं निर्बल जन
नहीं बुद्धि ना ज्ञान
खुद ही खुद से रहते हैं वो
बिलकुल ही अन्जान.......

- 237 -

...पड़ी सजन की छाप...

उर के दर्पण में जो झाँका
देखन को छव आप
अपनी छव तो दिखी नहीं है
पड़ी सजन की छाप

नहीं रंग नहि हास विलासा
नहि बिन सजन उमंग
इक मन था गयो संग श्यामा
सागर साथ तरंग

झूम झूम के हवा चली जब
कोकिल बोले बोल
प्रेम ललित मधु मंजरियों में
श्याम रंग हिय घोल

सांसों के आवन जावन में
एक मधुर रस गान
पायल बाजे बंशी धुन पर
एकहि सुर अरु तान

- २३८ -

...सांझ ढली तुम आन मिलो...

मत्तगयंद सवैया

सांझ ढली तुम आन मिलो अब
रैन सुहावन चन्द्रित आयी
डोल रही मदमस्त हवा धुन
चाँदनियां चुपके मुसुकायी

आस लगी अभिलाष लगी प्रिय
पुष्प पराग भरी पँखुड़ी है
चम्पक सेज सजी मनभावन
गन्धिल सांस झुकी अँखड़ी है

चांद छुपा अब बादल में प्रिय
मेघ सुधा बरसावन को है
ताड़ित है चमके घन में सब
आज मुझे हि डरावन को है

बल्लरियां सम अंग लता अब
ढूंढ़ रही तरु प्रेमक डाली
दीप जले नव रूप सजे सब
प्रीतम रंग रचाओ लाली

- 239 -

...चान्द सुधाकर इन्दु...

नदिया का बहता पानी या
शान्त सुशीतल झील
रत्नवती मैं इठलाती हूं
या विस्तृत नभ नील

सविता की प्रखरित आभा हूं
चांद सुधाकर इन्दु
अगम अतल अशेषा आत्म हूं
रम्य सुहासित विन्दु

क्या हूँ मैं कैसे बतलाऊँ
कोमल तरुवर डाल
पुष्पित पल्लव धारित भारित
सुष्मित लचक मृणाल

शोले कभी भड़क जाते हैं
सावन की मैं रिमझिम
दिनकर का गर प्रखर ताप तो
चांदनी हूं झिलमिल

तय है तूफानों का आना
शाश्वत मन्द समीर
नित्य ही बनती और बिगड़ती
सुघड़ परिन्दा नीड़

कभी बसन्त कभी पतझड़ हूँ
कभी ग्रीष्म की ताप
सारे अनुकूलित सामंजित
सरसित हूँ दिन रात

ग़म की झाड़ों में से भी मैं
चुन लेती हूं कन्द
दुनिया है दो दिन का मेला
भाव भरूं स्वच्छन्द

कट जायेगी जीवन राहें
थाम प्रीत की डोर
खामोशी से दुख भी सहते
खुशियों की भी भोर

तम में दीपक एक जलाती
मन होता उजियार
प्रेम नेह की ज्योति प्रकाशित
करती हूं हर बार.........

- २40 -

...मालिनि सिर पर गागर...

अरुणोदय की स्वर्णिम बेला
मालिनि सिर पर गागर
दूजा घट कटि तट पर शोभित
सुभग नयन बिन काजर

भोर किरण के संग जगे हैं
दो नयना मतवारे
गले हार मोतिन की माला
पग पायल झनकारे

व्योम रंग है चीर सुशोभित
कंचुकि बैंजनि धारा
अंशुमाल की ज्योति किरण ने
लाली गात निखारा

दमकत आनन चमकत टिकुली
कुन्तल श्याम संवारे
भरी भरी मधुशाला मधुमित
अंग अंग मतवारे

श्यामा गोरी प्रेम मगन हो
चली सरित तट ओरा
अधर हास मन कँवल मुकुन्दित
छलकत प्रीत सकोरा

साजन राह तकत पनघट पर
झटक चाल झटकारे
मन मुस्काती लाज लजाती
प्रियतम पर मन हारे

उड़ी चुनरिया लहर लहर ले
चाल मोरनी जैसी
सजन हृदय चुपचाप ले उड़ी
चपल चोरनी ऐसी

नीर भरत मुख चन्द्र निहारे
प्रिय चकोर सम जैसे
प्राण बसे हैं यमुना तट पर
घर जायेगी कैसे....?

- २41 -

...सुन्दर भोर सुहावन लागा...

चौपाई

सुन्दर भोर सुहावन लागा।
खोल अंखड़ी कण कण जागा॥
तरुवर पात मगन मन डोले।
विहग वृन्द अमृत रस घोले॥

फूल खिल गये धीरे धीरे।
पवन बजाये ढोल मँजीरे॥
भ्रमरों की मधुगूंज सुहाये।
तितली ने नव नृत्य दिखाये॥

रैन बहुरिया लाज लजायी।
रवि किरणों ने धरा सजायी॥।
वसुंधरा लिये अंगड़ाई।
स्वर्णिम बदन देख मुस्काई॥

घर से निकली सांवर गोरी।
पथ में कन्त किये बरजोरी॥
भींगी अँगिया भींगी चोली।
बहती सारी कुमकुम रोली॥ ......

-२४२-

...रंग...श्याम - श्वेत निराले हैं...

रंग श्याम श्वेत निराले हैं
खुशरंग बहुत मतवाले हैं
ज्यूं मस्त गगन बदरा छाये
घन बरसे काले काले हैं
दो नयन रचे प्रीतक अंजन
मन पुहुप कुंज रस डाले हैं
रस भरी गागरी छलकत है
रस अमिय बरसने वाले हैं

तन मन है प्रीत सुगन्ध भरित
प्रिय प्राण प्राण मधु प्याले हैं
अनुराग राग रंजित किसलय
चहुं दिशि ही लालम लाले है
रस रंग नेह गागर फूटी
रंगा रंग रंगरसिया ने
एक रंग भी नहीं बचा जो
बच जाये मनबसिया से.....

- 243 -

...दीपक ज्योति जरा दिये...

दोहे

दीपक ज्योति जरा दिये, दरबारा चहुं ओर।
जगमग जगमग हो गया, चकमक कोरे कोर॥

बादरा सुख घन घुमड़े, प्रीत सरस बरसात।
सरगम पवन सुना रहा, हिय हिय हर्षत जात॥

वन उपवन मद गन्ध है, दल भँवरा बौरात।
प्रिय पथ नैन निहारते, कब होवै शुभ रात॥

चारु चन्द्र की रुचि कला, प्रिय उर करत
उजास।
एक हुये मन दो तना, बन्ध बन्ध भुजपाश॥

रैन सुहानी चांद से,..... प्रीतम हैं चितचोर।
हम हैं विभु की चांदनी, साजन बने चकोर॥

जाके मन सच प्रीत है, वहां बसे घनश्याम।
हरि हरि हर हर बोलिये, कहिये सीताराम॥

प्रेम रतन अनमोल है, मिले वही धनवान।
जिसके पाले प्रीत नहि, वो है रंक समान॥

प्रीत बिना सब सून है, यह जानत सब कोय।
सूने तरुवर पात हैं, पुष्प न कुसुमित होय॥

- 244 -

...सुखमय पावन मधुरिम बेला...

सुखमय पावन मधुरिम बेला
धरिणी धर श्रृंगार
धरा चलत इक नार नवेली
अतुलित रूप अपार

अटक मटक जाती पनघट तट
सिर पर गागर धार
राह चले प्रिय पंथ निहारे
लिये नयन में प्यार

नीर भरे रस प्रीत हिये है
चूनर नील उड़ात
अधर हास की सुन्दर रेखा
मन कुसुमित उल्लास

पवन उड़ाये कुन्तल श्यामल
अरुणिम कोमल गात
रवि मुख विहंसत देख मालिनी
खिलते किरण प्रभात

सावन बीता, भादो बीता
बीता आश्विन मास
कार्तिक अगहन बीत गया है
पिया मिलन की आस

शीत पवन तन मन सिहराये
पनघट दूर दराज
गागर कौन धराये सिर पर
प्रिये नहीं हैं आज

अंशुमालि की स्वर्णिम किरणें
निकली आज झकास
झटपट भर लें नीर गागरी
हिय में लिये हुलास

यमुना जल ने दिया संदेशा
मुखरित मन के राग
नख शिख तक श्रृंगार सजाऊं
कण कण हुये पराग....

- 245 -

...रजनी ने घूंघट डाला अब...

रजनी ने घूंघट डाला अब
रसिक दिवा को आना
वसुधा पहने हरी चुनरिया
सुभग लगे इठलाना

सारी रैना जगी निशा अब
सूरज की है बारी
बड़े शान से आ पहुंचे हैं
द्युति रथ लिये सवारी

सविता ने है चाप चढ़ाया
रंग किरण बरसाये
जागृत हो वन उपवन विहंसे
खग मृग सब हर्षाये

लाल ललित अरुणाई बिखरी
फैली छटा निराली
गोरी की है झनक झाँझरी
नवों कलाओं वाली

नीर भरन को चली विजाता
पहन नील परिधाना
सुन्दर कुसुम कली सा मुखड़ा
रुचिर नयन शर्माना

पाँव पड़े उर धरिणी धड़के
चाल चले मतवाली
लहालोट हो सजन सांवरे
भूल कई कर डाली

पवन बैरी सम लट उलझाये
कैसे आपहि सुलझे
मजबूरी में पड़ी कामिनी
दोनों कर हैं उलझे

नयन रैन की भरी खुमारी
अब तक लोचन रंजित
नीर भरत मन हुआ बावरा
सजन मगन आनन्दित

- 246 -

...जय जय भारत देश...

जय जय भारत देश हमारा
    जन गण मन के बोल
लहराता है शान तिरंगा
    तीन रंग रस घोल

नीले नभ की छाँव विहंगम
    गहन समुन्दर नील
शान्ति धर्म का दूत विश्व में
    स्नेहिल ह्रदय सुशील

गणतंत्रात्मक शक्ति समेकित
    धर्म धुरन्धर दान
नालन्दा अरु तक्षशिला का
    पुष्ट पुरातन ज्ञान

सीता की है पावन धरती
    राम लिये अवतार
प्रातः स्मरणीया द्रुपद सुता
    कृष्ण राधिके प्यार

मोहन की मुरली बजती है,
    मीरा का इकतार
डालों पर झूले पड़ जाते,
    जब जब खिले बहार

करती हैं श्रृंगार नारियां,
    मनहर रूप अपार
छैल छबीले हैं लुट जाते,
    निरखत नैन कटार........

- 247 -

...मनहर पहेली...

इठलाती और बलखाती इक
सुन्दर नार नवेली
सिर पर गागर रूप मनोहर
मनहर एक पहेली

नवल डाल सम कटि तट लचकत
रंजित पांव महावर
झनक झनन झन झांझर बोले
जब चलती ले गागर

भोर छटा छव ललित कलित है
प्रेम रंग रस मादित
मंजुल काया मन भरमाया
अधर पंखुड़ी हासित

माथे बिंदिया नयन सूरमा
हाथ चूड़ियाँ झन झन
चली कामिनी नीर भरन को
अंग अंग रस सावन

वीणा सम सुरमयी झंकारा
मधुर लयित सुर ताला
गजगामिन चिर रुचिर सुगन्धा
कुंकुम लाली भाला

सुन्दर रूप सुसज्जित वसना
तुहिण या कि अंगारा
सृष्टि रचित साक्षात स्वरूपा
पावन गंगा धारा

प्रातः बेला सकल पूजितं
पुलकित वन्दन पातें
कण कण मुदित प्रफुल्लित है
झर झर रस झहराते

लक्ष्मी है दुर्गा राधिक है
या कि राम की सीता
कर्म योगिनी बन भर गागर
चली भाव भव प्रीता ......

- २48 -

...पतझड़ है तो सावन भी है...

पतझड़ है तो सावन भी है
मधुर सुखद मनभावन भी
नयनों से गर नीर बहे तो
सुखमय हास सुहावन भी

एक रागिनी विरहा की तो
दूजा गीत मिलन का है
एक तरफ है मौत रुदाली
इक संगीत लगन का है

तिनके तिनके को चुन चुन कर
पंछी नीड़ बनाता है
पल में आंधी का इक झोंका
ले कर सब उड़ जाता है

फिर से पूरे मनोयोग से
पाखी तिनके चुनती है
आबाद बसेरा हो जाये
सुन्दर सपने बुनती है

निशि अंधेरी राह न दिखते
मन के दीप जला लें हम
दुख देता लड़ने की ताकत
नव नव फूल खिला लें हम

चार दिन की ये जिन्दगानी
आना है तो जाना भी
सुख और दुःख है अश्रु हास
दोनों साथ निभाना भी

नाते रिश्ते संगी साथी
प्रेम प्यार की गंगा है
डोर बंध रहती है फिर भी
उड़ता मगन पतंगा है

नित सपनो का पंख लगाये
मन में भरी उमंगें हैं
चाहत की मंजिल तय करता
सुख दुख उठी तरंगें हैं

तिनका चुन चुन नीड़ बनाया
छोड़ यहीं है जाना सब
वैर भाव छीना झपटी से
खुद को सदा बचाना सब

- 249 -

...कर्म नये कुछ कर लो...

सूरज की लाली बतलाता
मन में ताकत भर लो
दिन की प्रखर किरण सिखलाती
कर्म नये कुछ कर लो

सन्ध्या की बेला बहुरंगी
विरह मिलन समझाता
थका हुआ रवि नित्य निशा की
गोदी में सो जाता

रात अँधेरी तारे जगमग
राह तके चन्दा की
नियत समय पर चांद निकल हिय
हर्षित नभ गंगा की

शीतल पवन सुनाये लोरी
जग खोता सपने में
कुदरत की सुन्दर दिनचर्या
ललित कलित अपने में

पतझड़ आये सावन आये
आयी नयी बहारें
वसुंधरा की भींगी चूनर
जब जब पड़ीं फुहारें

शीत ग्रीष्म भी मनभावन हैं
सुख दुख हैं सामंजित
नदिया पवन घटा घहराती
जड़ चेतन आनन्दित

झील गिरी झरने मुस्काते
हर्षित कूल किनारे
मरुभूमि की गर्म रेतें भी
अपना रूप संवारे

सुख की दरिया दुख के रेले
आते हैं जाते हैं
हिम्मत वाले हैं जो दोनों
साथ निभा जाते हैं....

- 250 -

...भाव भरे थे रुक न सके...

भाव भरे थे रुक न सके.
बह गये शब्द प्रवाह में
कोमल किसलय पल्लव बन कर
बिछ गये सारे राह में

मस्जिद जायें या मन्दिर में
गुरुद्वारे दरगाह में
प्रेम रंग छलका जाता है
मिलन विरहा की आह में

लाजवाब हर छन्द गीत है
बाशबाब ये है हाला
पढ़ ले कोई भी जो इसको
हो जाये वो मतवाला

ये हुस्न पहरेदारी और
ये लब की ताबेदारी
बेशक कर सकता है कोई
दिल का जो दिलवाला.....

- 251 -

...प्रेम नीर नद गहरी लागे...

प्रेम नीर नद गहरी लागे
डूबत जाना पार
गहराई में मोती माणिक
पार मिले संसार

कनक कटोरी अधर मंजरी
भावों की रसधार
पलक पांवड़े बिछे हुये हैं
आना ले कर प्यार

हृदय कुंज नव कंवल खिले हैं
पल पल नवल सुगन्ध
पिया सांवरे मलय वसन्ती
बिखराये मकरन्द

मंगल घट नयनों की गागर
चन्दन चौक पुराय
छन्द मालिका शब्द सुशोभित
तोरण द्वार सजाय

सुन्दर सरस अमिय रस मादित
एक बूंद आनन्द
सकल सृष्टि वृन्दावन होता
मन विचरे निर्द्वन्द

फूल पात विरवा वन खेचर
केलि मगन स्वच्छन्द
थिति आंगन कुसुमित हो जाते
कण कण रचता रंग

जंगल में मंगल हो जाये
सिया राम जस संग
श्याम श्याम से गोकुल गूंजा
राधा भरी उमंग........

- 252 -

...चलो चलें उस पार...

चलो चलें उस पार जहां हो
तारों की अगुवाई
धरती अम्बर मिले जहां पर
पवन चले पुरवाई

सात अश्व के रथ चढ़ आयें
दिनकर सुबह सवेरे
स्वर्ण किरण से ज्योतिर्मय हो,
आंगन और मुडेरें

सोन चिरैया फुदक रही हो
कोमल पर फैलाये
चलो दाने मोती का ले कर
उसको जरा चुगायें

प्यार की सरगम फिर तुम गाओ
गूंजे दसो दिशायें
तेरे नयनों के मधु प्याले
प्रीत सरस छलकायें

खो जायें हम प्रेम नगर में,
कोई ढूंढ न पाये
जहां जहां हों कदम हमारे,
चन्दन वन बन जाये

भोर सुभग संझा मस्ती हो
चले नयन द्वय बाणा
कुछ हम पूछें कुछ तुम बोलो
रंग रंग मन प्राणा

काम कमानक भाव भंगिमा
अधर धरे मधु हासा
बन चकोर अपलक मै देखूं
रहे न मन ये प्यासा

- 253 -

...प्रीत बाग इक फूल खिला...

प्रीत बाग इक फूल खिला तो
जल गये जलने वाले
नयन वाण से घायल हो गये
कितने ही मतवाले

शोख हवाओं से जा कह दो
रुख पे घूंघट डाले
जाने कितने घूमा करते
बे दिल के दिल वाले

दिल वालों के दिल का क्या
दिलफेंक बड़े ये होते
जिसने दिल को उठा लिया
दिन बीते रोते रोते

माना ये सावन पतझड़ है
प्यार बिना दिलदारा
सावन को तो आ जाने दो
खिल जाये रुखसारा

खतरनाक ये जंग मगर है
हारा दिल वो जीता
जीत के भी क्या मिल गया है
जाने जिस पे बीता

मदहोशियां सुबहो शाम है
पी कर देखो हाला
भरी भरी हर पल रहती है
प्रेम प्यार मधुशाला......

- 254 -

...जल जल बुझती...

मन अगन लगत
अति विरह सहत
तन तपन छुअत
  जल जल बुझती.......

कुछ करहु जतन
पिय मलय पवन
हिय करहु सुखन
  क्षण क्षण घुटती.......

बरसहु मधु बन
हिम करहु जलन
सुवरण अभरन
  शर सम चुभती.......

दृग डगर तकत
रस गगर भरत
कब मिलन सुखद
  नख - शिख हंसती.....

तक सुन्दर नयन
सुन मधुर बयन
मद भरत बदन
  सब दुख हरती.....

प्रियतम संग संग
बिखरत रंग रंग
प्रिय लग अंग अंग
  मनहर लगती......

- 255 -

...सुरमयी सी शाम है...

सुरमयी सी शाम है
दिल में एक नाम है
सांवला इक श्याम है
    कहो तो मैं बता दूं.?

रागिनी वो गीत छन्द
जीवन संगीत मधु
सपनों का रंग शुभ
    कहो तो मैं पता दूं.?

सावन फुहार है वो
बसंत की बहार है
साज और श्रृंगार है
    कहो तो मैं दिखा दूं.?

वीणा की तान मधुर
कोकिल की तान सुर
पपीहे के प्राण पिऊ
    सपन मैं बसा दूं.?

झरनों की हलचल
है इन्द्रवज्र चंचल
भागीरथी अविरल
    स्वयं को मैं समा दूं

उदधि तरंग है वो
आसव उमंग है वो
इन्द्रधनुष रंग रंग
    चहुं दिश रचा दूं..

मन विहंस रहा है
तन सरसित मद
दृग हरष रहा है
    कहो तो मैं सुना दूं.?

तरु पुष्प मादित है
ह्रदय आह्लादित है
मलय सुगन्धित को
    कहो तो मैं सजा दूं.?

- 256 -

...आरती उतारती...

उषा किरण रंजित है
कण कण आनन्दित
प्रेम दीप हिय लिये
आरती उतारती......

नदी जल हिलोर है
मन में मचा शोर है
आस भी कमजोर है
अंखियां निहारती......

कौन देश गये प्रिय
हूक है उठत हिय
प्रेम पुष्प लिये लिये
भावना संवारती......

विरह की ये बेला है
तन मन अकेला है
कासे कहें मन की बात
अन्तस विहारती.......

- 257 -

...धीर थोड़ी धार रे मन......

गीतिका छन्द

धीर थोड़ी धार रे मन
रुत मिलन की आ गयी
विरह का मौसम गया अब
रस वसन्ती छा गयी

झांझ बिछिया बज उठेगी
कान की कनबालियां
तन सुशोभित पीत चूनर
कंचुकी छव लालियां

फूल खिलते आँगना मन
सांस रजनी गंध है
तन सुगन्धित फुल्ल कुसुमित
नयन कितने रंग हैं

साजना का आवना री
जोत जलती प्रीत की
भाव के श्रृंगार सारे
ले बलैया मीत की

भाव भँवरे गुनगुनायें
अधर कलियाँ रंजिता
झूम झूमे अंग डाली
छलक हाला संचिता

प्यास मिटती युग युगों की
प्रेम शीतल नीर में
पद्म हासित उर सरित के
साधना की पीर में........

- 258 -

...पग रज ले कर उन वीरों की...

पग रज ले कर उन वीरों का
माथे तिलक लगायें
वसुंधरा हर वक्त सुहागन
उनके लहू सजाये

वन्दे मातरम् की गर्जना
पहन वसन्ती चोला
जब उनका हुंकार हुआ
अंग्रेजी शासन डोला

कूद पड़े जंगे आजादी
राष्ट्र धर्म की हाला
वीरों के जल्वों ने उनका
सूर्य अस्त कर डाला

हंसते हंसते फांसी चढ़ गये
अपनी जान गंवा दी
भरी जवानी फ़ना हो गये
दी हमको आजादी

सूनी हो गयी मां की गोदें
सूनी हुई कलाई
राखी के धागों ने जानें
कितनी कसक छुपाई

फूलों के रुख़ लाल सुर्ख में
वीरों की रानाई
भंवरों के गुन गुन में गूंजित
वतन की आशनाई

नमन करें वन्दन कर लें हम
याद करें कुर्बानी
कहे मुल्क का जर्रा जर्रा
अमर वीर बलिदानी

राष्ट्र ध्वज जब बड़ी शान से
तीन रंग लहराये
रेशा रेशा इस झंडे का
उनकी खुशबू लाये......

\- 259 -

...आओ हम तुम दोनों मिल कर...

कलम हमारी क्या लिखे अभी
भ्रष्टाचारी गीत लिखे....?
सरेआम कुचली चीड़ी का
बलात्कार संगीत लिखे....?

या कि आज की राजनीति का
अनीति से ही प्रीत लिखे
झूठ सफेदी सत्य धुँधलका
कहो कौन सी रीत लिखे.....?

छोड़ो हम तुम दोनों मिल कर
नया नया इक जीत लिखें
तुम लिख दो धरिणी अचला नभ
हम तुमको मनमीत लिखें

भाव सरित बह जाने भी दो
देवपगा मन्दाकिनि सी
निर्विरोध उन्मुक्त कलम से
नेह-प्रेम की रीत लिखें

निशा गहन उर अन्तस प्रांगण
जलती दीपक बाती हो
आओ मिल कर करें दीप्त सब
नव नव दीपित प्रीत लिखें

ह्रदय उदधि उत्ताल तरंगे
मेघप्रिया सम नृत्य करे
अम्बुद रस मद मन सरसाये
ऐसा वर्णातीत लिखें........

- 260 -

...चूड़ी लाली झांझर बिछिया...

चूड़ी लाली झांझर बिछिया
बहुत सुहावन लगती
प्रज्ञा के अंगों से लग कर
शोभा सुन्दर बढ़ती

झिलमिल चूनर गोटे वाली
मन को बहुत लुभाये
देखी जो टहकार टिकुलिया
सूरज भी शरमाये

झूले जब कानों का झुमका
नील गगन ललचाये
हाले डोले नाक नथनिया
छैलों के मन भाये

जन्म सिद्ध अधिकार हमारा
कभी इसे मत छीनो
श्रृंगार तो श्रृंगार है बस
सुहाग इसे न बीनो

कोमल काया नारी की थी
पुरुष पुष्ट बलवाना
अन्दर बाहर कर्म नियोजित
बांटा निज निज धामा

पर अफसोस कि पुरुष अहं ने
सारा खेल बिगाड़ा
भौतिकता ने नारी का भी
पुरुषित रूप सराहा

घर की गृहिणी दाल बराबर
कार्यालय की सुखकर
अर्थों वाली दुनियादारी
हर घर रोये लुट कर

नहीं रही वो कोमल काया
नहीं रही सुन्दरता
आर्थिक युग की भेंट चढ़ गयी
नारी की कोमलता

इंदु सिंह

चूड़ी उतरी कंगन खोया
खोयी पीत चुनरिया
कमर लचकती डालें खोयीं
जिस पर थी गागरिया

गोरे गाल असित कुम्हलाये
गयी अधर की लाली
खो गयी अब वो नैन कटारी
चाल नहीं मतवाली

रक्त महावर रचित पाँव वो
पायल की झनकारा
झूमर झुमका झूलन ठिठका
ठिठका छपरा आरा

लोप हुआ सिन्दूरी सूरज
नौलक्खा गल हारा
रत्न जड़ित शुभ मंगल टीका
नैनन काजर धारा.........

- 261 -

...कब हार गये दिल ये अपना...

अरविंद सवैया...

कब हार गये दिल........ये अपना
कुछ याद नहीं अब आदिक अन्त
जिस वक्त मिले..... तुमसे सजना
मन भाव तरंगित...... होत बसन्त

सुखदायक मोहक भोर सुधा
बरसावत है ललकी रवि पुंज
उड़ते नभखेचर .....शोर भये
शुभ साज रही वसुधा नव कुंज

वह चांद बड़ा ......रस मादित था
बरसाय दिया ...सुख की बरसात
उर कानन कुंज ....हुयी प्रमुदा
सुख सावन सावन ..भींजत गात

फुलबाग फुलायल फूल सभी
भंवरा सब आय मचावत गूंज
प्रिय आय गये ......हर्षाय गये
अब कष्ट मिटे सब काटत धुन्ध

वन काकफली सम मोहि लिये
कह सोम सुभाषित स्नेहिल बात
रजनी कब बीत गयी.... न पता
कब आय गयो...रवि नूतन प्रात

- 262 -

...भोर किरण दीप्त चरण...

भोर किरण दीप्त चरण
रंग लाल लालियां
अर्क पूंज विहग गूंज
पल्लव की तालियां

प्रेम पुष्प खिले खिले
दोपहरी मद पिये
बाट निहारती कहीं
रुचिर नेह उर लिये

हवा गाती रागिनी
सान्ध्य है सुहासिनी
विलोकती घड़ी घड़ी
चन्द्र जड़ित यामिनी

धवला शुक्ल चन्द्रिका
गले हार मुद्रिका
अंग अंग साज लिये
साजन की श्यालिका

प्रीत मीत रीत सरस
कण कण संगीत है
हार के मन वांछिता
हर पल की जीत है

जीवन हो मुक्त सलिल
सुखद धूप छांव हो
प्रेम के नगर में इक
सुभग रुचिर ठांव हो

हंसी-खुशी मुस्कानें
उल्लासित प्राण हो
रैन चाहे अँधेरी
अरुणिम विहान हो

सुर्मई सी साँझ में
प्रेम साज गान हो
स्वतन्त्र हो वसुंधरा
स्वच्छ आसमान हो.....

- 263 -

...चन्द्र प्रभा चान्दनी...

चन्द्र प्रभा चांदनी, चकोर प्यास प्यास
प्रसून उर धड़कन, भ्रमर आस आस

अरण्य वन्य शैल, जल अटल इला
प्रात किरण रात...सांझ की उजास

प्रीत गीत गूंज,..... नेह जोत पुंज
गगन सरि सरस,हिय हुलास हास

सात रंग, प्रेम .... मन उमंग गंग
संक्षिप्त व विस्तार, सहज सा आभास

नूर हूं नव ज्ञान किरण, ..जागती विभा
कुंज की कँवल कली, रुत वसन्त मास

- 264 -

...आत्म चेतन...

आप में अस्तित्व है
मैं आत्म चेतन
तुम मे व्यक्तित्व है
हम पूर्ण निकेतन
मैं केवल मैं नहीं
मैं सारा विश्व है
प्रकृति है सृष्टि है
अदृश वो ईश है
दिन सांझ रात है
फिर नव प्रभात है

दुख सुख की छाया
समझने की बात है
मैं कुछ है नहीं
तुम कुछ हो नहीं
आप नहीं साथ है
हम नहीं हाथ है
मैं तुम हम वो
चल रहा कारवां
उपवन सजा यहां
देख रहा बागवां........

- 265 -

...नारियां नवीन नित्य...

नारियां नवीन नित्य
सृष्टि की अर्धांग है
अर्ध अंग कुदरत नर
पल पल ही संग हैं
बज्र गिरी पर्वत नर
कानिन अति कोमल
विधाता अनमोल रत्न
नार पुहुप परिमल

तिमिर ज्योति पंथ की
सन्तान पथ प्रदर्शिका
इच्छा शुभेच्छा ले
धीर धर्म अर्पिता
रंग राग जलतरंग,
रम्य रुचिर राधिक
ललित कलित मंजुल.
नेह सत्य साधिक
धवल हिम हिमाद्रि
अर्क गगन स्वर्णिम
धरा धरित तरु पात,
पुष्प गात अरुणिम
हहरित तरंगिनी
सुरसरि मंदाकिनी
पवन वेग मन्दित
गेह ताल हंसिनी
रात दीप दीपिका
अनूप ज्योति वन्दिता
प्रेम भाव भक्ति रास
प्रीत की सुगन्धिता.....

- 266 -

...चैत्र शुक्ल प्रतिपदा...

चैत्र शुक्ल प्रतिपदा
नवीन वर्ष आयेगा
बाग बाग फूल खिले
भ्रमर दल गायेगा

उपवन वन सब सजें
किसलय नव पल्लवित
बसंत का श्रृंगार हार
मलय अनिल गन्धित

खेत खलिहान भरे
कृषक मन मगन हुये
ठिठुरन दिन बीत गये
अंशुमाली सघन हुये

पहली नवरात है
बसंती प्रभात है
प्रमुदित हैं आम्र कुंज
हर्षित हर गात है

विद्यालय नव सत्र है
नवीन पंजिकायें
मुद्रालय का क्लोजिंग
ब्रह्म की रचनायें

नया शुभारंभ है
घर घर उमंग है
मातु शक्ति आगमन
सात्विक तरंग है

चैत्र शुक्ल प्रतिपदा
नया प्रारंभ है
पहली जनवरी नहीं
संस्कृति का अंग है

बाहरी विधान है ये
नशा हुड़दंग है
चैत्र शुक्ल प्रतिपदा ही
नया प्रारंभ है

भारत की संस्कृति,
अपनी आन बान है
मंजुल सुहावन शुभ
जन मन की शान है

हरेक पर्व में छुपा
सारगर्भित कारण
हर विशेष दिन हमारा
खुद ही विज्ञान है

प्रदर्शन को छोड़िये
पाश्चात्य न जोड़िये
हमारे पर्व पावन
हमारा अभिमान है

रीत गीत राग यहां
बैसाखी दीप फाग
सबका आनन्द मय
अपना विधान है

- 267 -

...तू नहीं और सही...

तू नहीं और सही
और नहीं और सही
अपने न अपने तो
बेहतर है ग़ैर सही

ग़ैर भी गर हों नहीं तो
कट जाती जिन्दगी
न किसी से दोस्ती
न किसी से वैर सही

ऐसे वैसे गलत सही
सही का प्रयास सही
होता वही है जिसे
उपर वाला कहे सही

जमीन आसमान हो
ईश मेहरबान हों
भले कोई हो न हो
ख़ुदा की हो ख़ैर सही

गीत नाद छन्द पंद
भाव स्वर लहरियां
पूरी गज़ल हो न हो
दिलकश इक शेर सही

अन्धेर नहीं उसके घर
थोड़ी चाहे देर सही
मीठे फल खायेंगे
जो लगायें पेड़ सही......

- 268 -

...गुलाबजामुन...

खूब खाइये खूब खाइये
गुलाबजामुन गोल
मधुरस मीठों की दुनिया में
भारी इसका मोल

गीतों का है दूध मिलाते
मीठी चीनी भाव
लफ्जों की गोलाई इसमें
खुशबू भीनी चाव

नेह का इसमें रंग मिला है
तकरारों का रूप
गर्म सांस पर इसे पकाया
इसका रूप अनूप

जिसकी इसपे नजर पड़ी
हो जाता लहलोट
बिन खाये दिल माने ना
रस रस भींगे होंठ.........

- 269 -

...दिन गुजर जाता यादों में...

सार ललित मंजरि, पुष्पित वन फूल.....
पैंजनी झनक रही, हर्षित नदी कूल......
....
दिन गुजर जाता यादों में
रैन सुहानी क्या करे
एहसासों के मेले लगते,
प्रीत नगीने जड़े जड़े......

दीपों का है नीम उजाला,
चांद अगन बरसाता
कितना तो रोका तारों को,
फिर भी वो चुपचाप टरे........

जागी जागी आंखों में ही,
बीती सारी रैना
अन्तर्मन की ताल तलैया
भाव नीर हैं भरे भरे......

बीत रही बेला अवसंजन,
रात का घूंघट सरके
बोझिल सी पलकों को थामे,
नयन आस हैं धरे धरे......

- 270 -

...प्रसन्न पाश प्रणय पल...

प्रसन्न पाश प्रणय पल,.मकरन्द हो गया
प्रफुल्ल फुल्ल वल्लरी,मधु गन्ध हो गया

उड़ान तान नव विहग, अलभ्य सुख संतति
कुंज कँवल पुष्प मन ...... आनन्द हो गया

शब्द शब्द रंग गये,....स्वर्ण खचित टीका
सरसित मलय सुहासित, शुभ छन्द हो गया

रत्नगर्भा मालिनी,......मंदाकिनी सरित
शिव शिखर ललाट पट्ट, शुभांक हो गया

देव समावेशित हैं,.....पंक्तियाँ विवेचित
भावना संग दर्पक.. ...अनुबन्ध हो गया

राजराज प्रणय हार,...कामना परिपूर्ण
प्रबल भाव प्रज्ज्वलित, मदान्ध हो गया......

- 271 -

...गीत गान नव विहान...

गीत गान नव विहान, उर निलय संवारती
समय की कटार धार, दुःख क्लेश हारती

वंचना अभिवंचना ये...दानवी विवेचना
सृष्टि रस रंजना का,...रूप ही बिगाड़ती

वन विहंग व्योम धरा, सागर गिरि श्रृंखला
कुदरत उपहार हार,.. आंचल मां भारती

कवि ह्रदय उमंग भरे, प्रेम पियुष उर धरे
प्राकृतिक तूलिका ही, लेखिनी निखारती

संग संग पवनमान, कृशानु जल सम्मान
तनुजा वन कुहुकिनी,... वसंती पुकारती

शिव का डमरू मृदंग, कान्हा की बांसुरी
शारदे की वीण, आध्यात्म सुर झंकारती

- २७२ -

...सखी री प्रिय कन्त घर आये...

मुकुलित कंज हृदय आनन्दित
प्रीत सुगन्ध उड़ाये
भ्रमर दलों की श्यामल रंगत
हुलस मोद बरसाये
कलियों की नव रक्त पंखुड़ी
धीरे से खुल जाये
तितली की सतरंगी पंखे
रंग रंग रच जाये
सखी री प्रिय कन्त घर आये......

मन वन उपवन एक कमल दल
और न मन को भाये
अधर धरे जीवन की ज्वाला
मन्द मधुर मुस्काये
अंखियों के नीलम प्याले से
सोम सुरा ढरकाये
सिंचित वसुधा रस प्लावित हो
गीत मिलन के गाये
सखी री प्रिय कन्त घर आये.....

भाव घटा उर अम्बर घहरे
बून्द बून्द स्वर लहरी
पवन वसन्ती धुन गुनगुनगुन
भोर साँझ दोपहरी
लाल चुनरिया उड़ उड़ जाये
लट घूँघर बिखराये
पीत कंचुकी कसी कसी तन
पायल शोर मचाये
सखी री प्रिय कन्त घर आये.......

- 273 -

...है निशा गहन काली काली...

है निशा गहन काली काली
तुम आओ तो आलोकित हो
उर कमल ताल चटके कलियां
नभ चन्द्र छटा अवलोकित हो

तन चन्दन गंध सुगन्ध भरे
मन आशाओं मे बिखरा है
नैनों में जीवन दीप जले
द्वय अधर सरस हो निखरा है

ओढूंगी चादर तारों की
आकाश गंग की गोट सजे
झुरमुट में झिंगुर झनक रही
साजन अगुआई साज बजे

तुम आओ तो ये रात सुभग
कण कण पुलकित हो अंग अंग
हिय आंगन चौक पुरा दूं मैं
छिड़काऊं पावन प्रीत गंग

- 274 -

...वो श्याम भ्रमर वन उपवन का...

वो श्याम भ्रमर वन उपवन का
हूँ तालों की मैं कँवल कली
गूंजित हर गीत सरस उसका
मेरी सुगन्ध है गली गली

है मलय पवन वो मन हारा
जब परिमल से दल भरते हैं
तब प्यार लिये मनुहार लिये
वन कुंज पुकारा करते है

वो घनन घटा घन अम्बर का
पानी पानी मै सावन हूं
जब गरज गरज वो जाता है
मैं बून्द लड़ी मनभावन हूं

है इन्द्रधनुष सतरंग भरे
मैं पात हिना की लाली हूं
वो धीर गहन गम्भीर सखे
मैं चंचल मन मतवाली हूं

इक चांद गगन में उतरा है
चमके दूजा मन आंगन मे
कुछ देर को ओझल आंखों से
घनघोर घटा है सावन में

वो रात लौट फिर आयेगी
कर लेंगे जी भर कर बातें
नव फूल खिलेंगे उपवन में
तब होंगी रोज मुलाकातें

मुट्ठी में तारे भर लेंगे
हर पंथ सजेंगे किरणों से
खो जायेंगे इक दूजे में
छलकेगी मदिरा नयनों से

साजन मिलने की घड़ी सुखद
हर पात लतायें झूमेंगी
रजनी की पायल धुन रुनझुन
प्रियवर का आनन चूमेंगी

- 275 -

...रात की है रागिनी...

रात की है रागिनी
प्रीत की सुहागिनी
अलस नयन झुके हुए
शब्द हैं रुके हुए
सांस सांस थम रही
आंखें पुरनम रही
बिखर रही पंखुड़ी
झुकी झुकी अंखड़ी
चांद के आगोश मे
सुलग रही चांदनी
पुलकित मन मस्त मगन
रोम रोम दामिनी
अधर मधु रस भर गये
पात सब हरे हुये
चन्द्रवदन सुरभित
कमल दल खिले हुए

ताल की है हंसिनी
क्षीण कटि कामिनी
नूपुर झन झनक रही
थिरक रही भामिनी
लहके लाली चूनर
चमक रही बिंदिया
प्रीत के ख्यालों मै
रूठ गई निंदिया
अनुराग राग राग में
प्रीत के पराग में
बीती सारी रैना
निःशब्द मनुहार मे......"

- 276 -

...भरी प्रीत मन की गागरिया...

भरी प्रीत मन की गागरिया
तन लहराता सागर
नैनन बीच बसे छवि प्रियतम
श्याम रंग बन काजर

सरस वसंती मधुरिम बेला
फूल फूल मुस्काये
मधुर सुहास राग अनुगूंजित
कली कली शरमाये

भाव निरख नव गीत बने हर
उपवन भ्रमर हुलासित
पवन परागित परस अंग प्रिय
फगुनित मलय सुवासित

गठबन्धन सांसों का शाश्वत
रोम रोम शहनाई
हृदय कुंज चन्दन तरु छाया
प्रियतम की पहुनाई.......

- 277 -

...जग की तस्वीर निराली है...

जग की तस्वीर निराली है
कहीं भरा, कुछ खाली
कहीं सुनहरे दीप जले हैं
कहीं रात है काली.....

किसी चमन मे धूम मची है
कहीं बाग बिन माली
कहीं रंगहीन घर आँगन
कहीं सुहावन लाली

बदला धरम करम है बदला
रिश्ते नाते जाली
भाव रहित मानवता है अब
कैसी बात निराली?

छल प्रपंच के बीज धरा में
लोभ पिपासा पौधे
नेह प्रेम के उपवन सूखे
नाते रिश्ते सौदे......

- 278 -

...श्रृंगारित नवल वधू वसुधा...

श्रृंगारित नवल वधू वसुधा
सृष्टि रंग रस भरी भरी
हिम मंडित गिरि शिखर अनोखे
झर झर निर्झर झरी झरी

गहरा सागर रत्न संचिता
कल कल सरिता जलधारा
विपिन गहन पशु पक्षि किलोले
चन्दन केसर है न्यारा
वसुंधरा चूनर लहराये
नील वसन्ती हरी हरी
हिम मंडित गिरि शिखर अनोखे
झर झर निर्झर झरी झरी

फूलों की क्यारी सतरंगी
प्रातः स्वर्ण की थालियाँ
सूरज सबसे पहले उगता
सान्ध्य क्षितिज पर लालियाँ
आसमान की नीली चादर
धूप छाँव है घड़ी घड़ी
हिम मंडित गिरि शिखर अनोखे
झर झर निर्झर झड़ी झड़ी.......

गहन निशा के कारे नयना
अलस अंखड़ी झुकी झुकी
हवा सुगन्धित मादक मधुमय
झोर झकोरे रुकी रुकी
असित चादरी झीनी झीनी
चाँद सितारे जड़ी जड़ी
हिम मंडित गिरि शिखर अनोखे
झर झर निर्झर झरी झरी........

- २79 -

...हे मानव! मत सृष्टि विनाशो...

हे मानव! मत सृष्टि विनाशो
जीवन जग से जायेगा
धरा गगन का कोप भयंकर
प्रलय प्रचंडित लायेगा

प्राणवायु के लिये जरूरी
पात लता तरुवर डाली
स्वच्छ हवा मे सांसें लें तो
चढ़े गात पुष्पित लाली

स्वच्छ जगह मे वास करें सब
वातावरण सुगन्धित हो
आँगन की तुलसी हो लह लह
कूड़े कचरे बन्धित हों

मन पावन तन स्वस्थ सजीला
गांव नगरिया साफ करें
सरि गिरि धरती अम्बर रक्षित
भूल चूक को माफ करें

पेड़ हमारा नव जीवन है
हरित तरु कभी कटे नहीं
नदियाँ पानी संजीवन हैं
ताल तलैया पटे नहीं

चीड़े चुनमुन तितली भँवरे
वन में हिरण कुलाँचे हों
विहग वृन्द की मुक्त उड़ानें
मंजुल मनहर पाँखें हों.........

- २८० -

...तो उदासी होती है......

रंग न हो कोई जो मन में
तो उदासी होती है
संग न हो कोई जीवन में
तो उदासी होती है
बसे नहीं नयन में कोई
तो उदासी होती है
आनन्द नहीं उमंग न कोई
तो उदासी होती है

कहने को तो साथ साथ
बहुतेरी हस्ती होती है
खुश रहना पड़ता ऊपर से
पर ये आंखे रोती हैं
समझे नहीं भावना कोई
तो उदासी होती है
खंडित हो साधना सँजोयी
तो उदासी होती है

किस्मत में जिनको रोना
वो हंसी कहां से ले लायें
जालों में उलझा जो तड़पे
कैसे वो मुस्काये
पंछी उड़ न पाये गगन मे
तो उदासी होती है
जहर घुले जो मस्त पवन मे
तो उदासी होती है

अपने ही जब घातें करते
छलनी छलनी मन होता
सच्चाई को झूठ मिले जब
सूखा हर सावन होता
मनःप्रिये जब तीर चलाये
तो उदासी होती है
सपनों की तस्वीर मिटाये
तो उदासी होती है

इंदु सिंह

रात ढले जब प्यासी प्यासी
नींद न आये पलक पंखड़ी
चान्द न आये अम्बर में
तो उदासी होती है
नहीं दिवा दर्शत मधुमासी
राह बिछे जो शूल कंकड़ी
सूर्य न साँझ स्वयंवर में
तो उदासी होती है........

- 281 -

...जीवन ये आसान नहीं...

सुख मे संयम दुख मे धीरज
समदर्शी दो नयना नीरज
निभा गया वो जीत गया
पाया वो संतोष सुभग रज
सहज सरल ये काम नहीं
शाश्वत है संग्राम यही
जीवन ये आसान नहीं ....

दुख के बादल घनन गरजते
सुख सावन शुभ बरस गया
अवसादों से सूखी बगिया
बून्द लड़ी मधु सरस गया
पग पग पर है कर्म कसौटी
चूक गये गर ध्यान नहीं
जीवन ये आसान नहीं.......

क्या खोया क्या पाया जग में
पाती लिख लिख क्या होना
जो बोया फल वृक्ष वही है
माथ पकड़ फिर क्या रोना
लोभ मोह छल छुद्र अनैतिक
रीत प्रीत सामान नहीं
जीवन ये आसान नहीं.......

- २८२ -

...तरुवर डाली फूल पत्तियाँ...

तरुवर डाली फूल पत्तियाँ
सभी सुहावन पावन है
झील पहाड़ी झाड़ी झरने
सृष्टि बहुत मनभावन है

सुष्मित सुन्दर सरस सुरंजित
कवि कल्पना जगती है
कुदरत का सौन्दर्य निराला
वसुंधरा नित सजती है

नदिया की कल कल धारा ये
गीत सुमंगल गाती है
सागर की लहरें मन मादित
मस्त मस्त इठलाती है

पंक मुकुन्दित कँवल सुहासित
गुण अवगुण हैं मिले मिले
काँटो के संग उपवन उपवन
कोमल कोमल पुष्प खिले

- २८३ -

...भूल कर दुख के अन्धेरे...

छन्द –गीतिका

भूल कर दुख के अँधेरे
जोत खुशियों की भरें
पाँव बढ़ते ही रहें पथ
लक्ष्य को पूरा करें

गागरी छोटी सही पर
सागरी उसमें भरें
पाँव बढ़ते ही रहें पथ
लक्ष्य को पूरा करें........

लाख हों अवरोध चाहे
हों बलायें सैकड़ों
आँधियाँ तूफान भीषण
कर्म कर लो या मरो

हों हवा प्रतिकूल चाहे
गरज घन घनघोर हो
हो प्रचंडित ताप चाहे
दुश्मनों का जोर हो

लगन मन की हो सुनिश्चित
काल से भी क्यूँ डरें
पाँव बढ़ते ही रहें पथ
लक्ष्य को पूरा करें......

हिम्मतों का डोर थामे
शिखर पर चढ़ते रहें
पाँव बढ़ते ही रहे पथ
लक्ष्य को पूरा करें.........

पैठ लहरें पार जाना
कर्म मानव धर्म है
कूल बैठे सोच करना
मनुजता का शर्म है

- 284 -

...तिमिर का अवसान हो...

भोर का आह्वान हो
तिमिर का अवसान हो
सत्य पर अड़े रहें
न्याय का अभियान हो
भ्रष्टाचार निर्मूल
त्याग का अभ्यास हो
आस का दीपक जले
पूर्ण हर अभिलाष हो...

प्रात स्वर्ण किरण आस
दोपहर न हो उदास
मस्ती हो सांझ ढले
रात चान्दनी उजास
हरित हो वसुंधरा
नीला आकाश हो
आस का दीपक जले
पूर्ण हर अभिलाष हो......

भूल कर छल द्वेष हर
उर कपाट खोल लें
जोत जले प्रेम की
प्रेम रंग घोल दें
एक हों गीता कुरान
पंथ में प्रकाश हो
आस का दीपक जले
पूर्ण हर अभिलाष हो.......

दहेज बन्ध खत्म हो
व्याह पुनीत रस्म हो
व्यभिचार दहन करें
नारी नहीं जिस्म हो
बलात्कार बन्द हो
चेतना विकास हो
आस का दीपक जले
पूर्ण हर अभिलाष हों ......

बेटियां परवान चढ़ें
बेटे अभिमान हों
नारियां सीता बने
नर हरेक राम हो

बड़ों का सम्मान हो
घर खुशियों का वास हो
आस का दीपक जले
पूर्ण हर अभिलाष हों..........."

- २85 -

...रामायण गीता है...

रामायण है गीता है
वेद हैं पुराण हैं
शिवा नारायण हैं
राम और श्याम हैं
जानता इन्सान है
जान कर अन्जान है ...

कौन नहीं जानता
झूठ, झूठ होता है
झूठ मे जिये जो
सब कुछ वो खोता है
फिर भी झूठा आदमी
वहीं मगन होता है

कौन नहीं जानता
अन्याय मे क्या दर्द है
करके अन्याय वो
कहता कि मर्द है
सच है यही कि
खून उसका सर्द है

कौन नहीं जानता
कुकर्म अनाचार को
शर्मशार मानवता
राक्षसी व्यवहार को
अनाचारी के लिए
यही सदाचार है

कौन नहीं जानता
भ्रष्टाचारी आचरण
सज्जनों का शोषण
दुर्जनों का आवरण
शैतानों को नीन्द चैन
इन्सान का जागरण

एक प्रेम सच्चा है
प्रेम ह्रदय में बसा
निर्मल है पावन है
प्रीत मनभावन है
हिना रंग रचा ज्यूँ
सुन्दर सुहावन है

मानव महान इसको
बुद्धि और ज्ञान है
मानवता की अलग
आन बान शान है
जानता वो सब है
जान कर अनजान है.......

- २86 -

...सुख दुख दोनों जीवन हैं...

सुख दुख दोनों जीवन है
फूल शूल के उपवन हैं
दुख को झेलें धीरज से फिर
खुशियों का आलिंगन है

गोरा है तो काला है
विष है, अमृत प्याला है
हृदय हीन, दिलवाला है
ऊँचे ऊँचे पर्वत हैं
साथ नदी और नाला है

झाडी झुरमुट कंटक हैं
वृक्ष सुवासित चन्दन है
दुख को झेलें धीरज से फिर
खुशियों का आलिंगन है.......

ज्ञान किसी को जन्मजात
कोई महा अज्ञानी है
एक जगह दोनों रहते हैं
एक आग इक पानी है

जुड़ा हुआ अपमान साथ
सब कहते उसको वन्दन है
दुख को झेलें धीरज से फिर
खुशियों का आलिंगन है........

सुबह भोर की लाली है
रैना बिलकुल काली है
बन्द करो तो मुट्ठी है
खोलो तो वो ताली है

ये भवसागर ऐसे ही
विपरीतों का सामंजन है
दुख को झेलें धीरज से फिर
खुशियों का आलिंगन है.........

- 287 -

...जीवन नदिया है अति गहरी...

जीवन नदिया है अति गहरी
पार सभी को जाना
कर्म नाव पतवार धर्म की
लहर संग बढ़ जाना

सुभग भोर की स्वर्णिम किरणें
हँसते हँसते आती
धीरे धीरे भाव भंगिमा
चतुर्दिशा छा जाती
सुन्दर सी आभा बन कर
अब सारे जग पर छाना
कर्म नाव पतवार धर्म की
लहर संग बढ़ जाना

बागों मे ज्यूं फूल खिले
लता गुल्म सब हिले मिले
भँवरे गुन गुन गाते हैं
फूलों पर प्रीत लुटाते
प्रेम मे ही जीना अच्छा है
प्यार मे ही मर जाना
कर्म नाव पतवार धर्म की
लहर संग बढ़ जाना

नील गगन की छांवों मे
ज्यूं कलरव करते पंछी
श्याम अधर पर राधा संग
बजती है जैसे वंशी
भावों के इठलाते पथ पर
प्रेम नगर को जाना
कर्म नाव पतवार धर्म की
लहर संग बढ़ जाना.......

स्याह रात नभ चांद खिला
प्रेम अगन मे अंग जला
कब आयेगी ऋतु मिलन कि
ये बतलाये कौन भला...?
स्याही थोड़ी कम करने को
दीपक एक जलाना
कर्म नाव पतवार धर्म की
लहर संग बढ़ जाना..........

- २८८ -

...जीवन सुन्दर निर्झर है...

जीवन सुन्दर निर्झर है
झर झर झर बहता जाये
कभी कहीं सिमटी सिकुड़ी
कहीं विस्तृत हो जाये
कहीं शान्त शालीन बहे तो
कभी ये शोर मचाये
सख्त पहाडों से टकरा भी
तनिक न नीर बहाये..........

अपनी धुन चलता जाये
सुख दुख की नहि चिन्ता
राह मे कितने कंटक आये
कभी नहीं वो गिनता
जहां जहां से गुजरे ये
वसुंधरा सरसाये
सख्त पहाडों से टकरा भी
तनिक न नीर बहाये...........

भोर चले संझा मे चलता
चले स्याह रातों मे
कूल किनारे जी बहलाते
लहरों से बातों मे
नव यौवन की मस्त उमंगें
चिर सिंचित हो जाये
सख्त पहाड़ों से टकरा भी
तनिक न नीर बहाये............

बिखेरता है सीपी मोती
उर अन्दर से अपने
सागर से कब मिलना होगा
नैनन पाले सपने
कंकड़ पत्थर काँटे अपने
साथ बहाता जाये
सख्त पहाड़ों से टकरा भी
तनिक न नीर बहाये.......

जीवन को ऐसे ही जी लें
बाधाओं को पार करें
दुख दरिया में बह जाने दें
खुशियों का अभिसार करें

ना जाने कब कौन से पल मे
क्या नेमत मिल जाये
सख्त पहाडों से टकरा भी
तनिक न नीर बहाये

- 289 -

...वसुंधरा का चहुँ दिश देखा...

उर अम्बर घन घटा प्रेम की
बरसे नीर सुहावन
वसुंधरा का चहुँ दिश देखा
कहीं न ऐसा सावन........

जगी हुई अँखियन मे मानो
लाखों सपने सँवरे
भाव पुष्प मह मह गन्धित तो
गुनगुन प्रीत के भँवरे

साँवर श्याम सलोना है वो
मीत मधुर मनभावन
वसुंधरा का चहुँ दिश देखा
कहीं न ऐसा सावन........

बट की छांव तले मधुवन
मन में कृष्णा कृष्णा
प्यासे नैना बाट निहारे
कैसी अनबुझ तृष्णा

मधुर चन्द्र की रैन सुहानी
कब आयेंगे साजन
वसुंधरा का चहुँ दिश देखा
कहीं न ऐसा सावन.......

गीत कहूं संगीत कहूं या
साजों की झंकारा
गरज गरज के बरसन लागे
जीवन की रसधारा

जो भी है जैसा भी है वो
प्रीत बडा ही पावन
वसुंधरा का चहुँ दिश देखा
कहीं न ऐसा सावन........

- २90 -

...सुभग अमोलक प्रेम जगत का...

सुभग अमोलक प्रेम जगत है
प्रीतक रीत निराली
शुष्क डाल तरुवर पत्तों पर
छा जाती हरियाली
प्रीत बिना ये जीवन सूना
कोई रंग न लाली
उजड़ा हुआ बाग हो जैसे
ना हो जिसका माली.......

कहां छुपा है श्याम सांवरा
इत उत ढूंढे नैना
प्यासी चितवन राह निरेखे
पल भर पड़े न चैना
यमुना के तट वंशी बाजे
राधा मन मतवाली
प्रीत बिना ये जीवन सूना
कोई रंग न लाली........

राजमहल को छोड़ दिया
भटके है वन वन मीरा
श्याम लगन मे हुई मगन
ले कर के प्रेम मँजीरा
प्रेम नियम अबूझ है इसका
कोई नहीं सवाली
प्रीत बिना ये जीवन सूना
कोई रंग न लाली.........

सती प्रेम मे अवश हो गये
शिव शम्भू त्रिपुरारी
भस्म रमाने वाला जोगी
बना राग रस धारी
तीन लोक के स्वामी भी थे
प्रिय वियोग मे खाली
प्रीत बिना ये जीवन सूना
कोई रंग न लाली..........

- 291 -

...शब्द शब्द बँधे तो...

फूल फूल गूंथ ज्यूँ, बने पुष्प हार
शब्द शब्द बँधे तो,छन्दित रसधार
शब्दों का आँचल, मोतियों के ढेर
अलभ्य हीर माणिक, भाषा श्रृंगार?

खुदा या भगवान्, जानवर इन्सान
नर्क हो या स्वर्ग, जमीन आसमान
बाइबिल रामायण, कुरान गुरुग्रंथ
शब्दों की रचना, धर्म हो या ज्ञान

सांझ का धुंधलका या भोर की धूप
रात की नीरवता, या दिन का रूप
दुखों का भारीपन, या सुख के रंग
मेघ निराशा के, आस चाहे मूक

मान सम्मान उलझन का समाधान
सीता और राम, राधा और श्याम
भाव की गंगा, अभिव्यक्ति आधार
प्रेम की है पूजा, नेह का विधान

घृणा और द्वेष, कलह और प्रतिकार
युद्ध या शान्ति आचार या व्यवहार
शब्दों से भेद है शब्दों से मेल
सुविचार सदाचार, या हो अनाचार

समस्त विश्व शब्द है व्रह्म है नाद
मानव की भाषा ईश का संवाद
शब्दहीन सृष्टि की कल्पना बेकार
गुम हों अगर शब्द तो वाद न विवाद....

- २९२ -

...शिवः नमन दिन सावन...

पावन शुभ मनभावन
शिवः नमन दिन सावन
बाजत ढोल मृदंगा
गौरी दरश सुहावन

चन्द्र ज्योति उजियारा
डमरू निनाद प्यारा
बाघम्बर शुचि आसन
गंग जटा से धारा

जटा जूट सिर धारी
शिव शम्भू त्रिपुरारी
तीन तेज दृग लागे
गले विष माल साजे

शिवा सती अनुरागी
निरंकार तप त्यागी
जोगी भस्म रमाये
भंग रंग मन लागी.......

- २९३ -

...मोर मुकुट सिर कानन कुन्डल...

मोर मुकुट सिर कानन कुण्डल
पीत वसन तन साजे
झुरमुट से जब झांके चन्दा
मधुर मुरलिया बाजे

छुम छनन छन पायल छनके
राधा के पग नाचे
धरती अम्बर झूम झूम कर
सरस रागिनी बाँचे

वो कान्हा मनभावन प्रीतम
प्रेम अमिय ढरकाये
सूखी सुप्त डालियों मे भी
चिर यौवन आ जाये

बजने लगे साज मनभावन
मधुर मधुर झंकारा
रूप चन्द्र राधा मनमोहित
प्रीत सजित श्रृंगारा

कान्हा नयन चकोर हो गये
अपलक निरखे मुखड़ा
लाज भरे राधा की मुख छवि
ज्यूं हो चन्दा टुकड़ा

डाली कदम पड़े हैं झूले
राधा का मन डोले
प्रेम रंग रच गये मुरारी
राधा राधा बोले

बिन राधा के कृष्ण अधूरे
बिना कृष्ण के राधा
रीत प्रीत की पूरी पूरी
भरी गागरी आधा.

निखर गयी मन भाव पंखड़ी
सपने सजे सजीले
इन्द्रधनुष के सात रंग में
तन मन रस .रंगीले...........

- 294 -

...जीवन के कितने रंग रूप...

जीवन के कितने रंग रूप
कहीं फूल ही फूल
कहीं दर्द के बाग लगे हैं
भरे शूल ही शूल

इक हँसता दस रोते दिखते
दस नफरत इक प्यार
एक बून्द अनुरागित सावन
छल प्रपंच की धार

धन वैभव की छूट कहीं पर
कहीं भूख ही भूख
मिले किसी को शीतल छाया
कहीं धूप ही धूप

रिश्ते नाते गुम हैं सारे
भौतिकता की मार
मुखड़े सभी मुखौटों वाले
मन में धरे कटार

बोझ बन गये हैं मात-पिता
घर में ना निर्वाह
वृद्धाश्रम आबाद हुआ है
बच्चे लापरवाह

बनते बैरी भाई भाई
चले तीर तलवार
छोड़ यहीं जाना है सबकुछ
काहे मारामार.?

भ्रात प्रतीक्षा करते करते
सावन जाता बीत
कोई भाई बाट जोहता
बहन हिय नहीं प्रीत

भीषण दहेज की ज्वाला मे
पत्नी होती भस्म
कहीं पुरुष भी सिसक रहा
नारी बदले रस्म

इंदु सिंह

बच्चों को मां बाप न पूछें
अर्थ धुनों मे व्यस्त
बच्चों की फिर मनमानी है
नशे ड्रग्स मे मस्त

संकट मे है धरा आज ये
आ जाओ घनश्याम
तुझ बिन बोलो कौन संवारे
बिगड़े सारे काम.........

- 295 -

...जीवन सरस आज मे जी लें...

जीवन सरस आज मे जी लें
प्रेम सुधा रस जी भर पी लें
हँसी अधर मुस्कान मनोहर
पार करें हर राह कँटीले
जीवन सरस आज में जी लें.....

लाखों रंग धरा पर बिखरे
वृक्ष घनेरे निखरे निखरे
बागों में कलियाँ हर्षाईं
फल तरुवर के हुये रसीले
जीवन सरस आज में जी लें........

तारों भरी निशा को देखें
चन्दा चतुर्दिशा तो देखें
शुभ्र ज्योत्सना बुला रही है
कुछ तो ये शीतलता पी लें
जीवन सरस आज मे जी लें.......

गई उमस वर्षा ऋतु आयी
उमड़ घुमड़ घन बदरा छाई
डोले मधुर पवन पुरवाई
झीनी झीनी चादर सी लें
जीवन सरस आज मे जी लें.....

शीतल पवन बहारों वाला
सावन सुखद फुहारों वाला
विहग वृन्द सब पंख पसारे
हर उमंग तरंग हिय ले लें
जीवन सरस आज मे जी लें.........

लेखक के बारे में

मेरा जन्म बिहार के छोटे से शहर डुमराँव में 29 फरबरी 1952 को एक सुखी सम्पन्न परिवार में हुआ। नानी स्व छछन देवी और नाना स्व राजा प्रसाद सिंह के नेह-छोह और लाड़-प्मार की शीतल छाया में बचपन कब कैसे बीत गया पता ही नहीं चला......

प्रारंभिक से माध्यमिक तक की शिक्षा तात्कालीन मुजफ्फरपुर जिला, वर्तमान सीतामढ़ी जिले के कमला बालिका उच्च विद्यालय डुमरा में सम्पन्न हुयी। इस विद्यालय के प्रधानाध्यापक स्व. कुंजबिहारी शर्मा जी को शत शत नमन है जिनके कठोर स्नेहिल अनुशासन ने मेरे किशोरावस्था के व्यक्तित्व में सभी रंग समावेशित कर उन बुलन्दियों पर पहुँचा दिया जो मरते दम तक अपनी छव-छटा के साथ विद्यमान रहेंगी।

प्रकृति के कण कण से मुझे अत्यधिक प्यार है। मेरे बचपन का गाँव *रेबासी* जहां मेरी नानी माँ, नाना बापू और मेरी सखी सहेलियाँ थीं - की माटी को शत शत नमन है।

विशेष आभार प्यार और अशेष आशीष मेरे नाती आयुष अम्बर को जो मेरी पुस्तकों का आकर्षक आवरण पृष्ठ तैयर कर उसकी सुन्दरता में चार चाँद लगा देते हैं।

अन्ततः बहुत बहुत आभार, शुभकामनाएं अनन्य स्नेह और आशीष बेटे अंकित मन्नू को जो पुस्तक प्रकाशन सम्बन्धी तमाम जिम्मेवारियों का निर्वहन पूरे लगन से कर प्रकाशन को संभव बनाते हैं......

शुभकामनाओं सहित

– इंदु

www.ingramcontent.com/pod-product-compliance
Ingram Content Group UK Ltd.
Pitfield, Milton Keynes, MK11 3LW, UK
UKHW041632291225
9789UKWH00037B/1197

9 781685 86698